Un Islam à vocation libératrice

Collection

religion & sciences humaines

section 1 : Faits religieux & société

sous la direction de François Houtart
et Jean Remy

avec la collaboration de Marie-Pierre Goisis
et Vassilis Saroglou

Dans les sociétés contemporaines, le phénomène religieux est remis en valeur, sous des formes très diverses. Il s'agit, dans le cadre du christianisme, de la naissance de nouveaux mouvements religieux, aussi bien à l'intérieur des Églises classiques, qu'en dehors d'elles. Pour ce qui est de l'islam : les mouvements islamiques dans les pays musulmans, la place que prend l'islam dans les pays européens et un renouveau de la pensée islamique dans les questions sociales, sont des faits qui revêtent une grande importance. Par ailleurs, l'évolution des institutions religieuses se situe également à la croisée des chemins. Bref, les phénomènes religieux sont reconnus aujourd'hui comme des faits sociaux significatifs. Par ailleurs, l'angle d'approche des sciences humaines est aussi utile pour ceux qui recherchent dans l'adhésion religieuse une spiritualité ou des motifs d'action.

Dans cette perspective, la collection Religion et sciences humaines possède deux séries :

1. Faits religieux et société

Les ouvrages publiés dans cette série sont des travaux de sciences humaines analysant les faits religieux, dans les domaines de l'histoire, de la sociologie, de la psychologie ou de l'anthropologie.

2. Sciences humaines et spiritualité

Il s'agit d'ouvrages où des croyants s'expriment sur des problèmes en relation avec les diverses sociétés dans lesquelles ils vivent et jettent un regard, avec l'aide des sciences humaines sur l'évolution des faits religieux, la relecture des écritures fondatrices ou l'engagement des croyants.

Mahmoud Mohamed Taha

Un Islam à vocation libératrice

Traduit par

Mohamed El Baroudi-Haddaoui et Caroline Pailhe

Avant-propos de François Houtart
Préface de Samir Amin

L'Harmattan
5-7, rue de l'École-Polytechnique
75005 Paris
France

L'Harmattan Hongrie
Hargita u. 3
1026 Budapest
HONGRIE

L'Harmattan Italia
Via Bava, 37
10214 Torino
ITALIE

Collection
religion & sciences humaines

Dans la même collection

Section 1 : Faits religieux et société

Structuration psychique de l'expérience religieuse. La fonction paternelle, Vassilis Saroglou

Le religieux des sociologues. Trajectoires personnelles et débats scientifiques, Yves Lambert, Guy Michelat & Albert Piette (sous la dir. de)

L'émergence des sciences de la religion. La monarchie de Juillet : un moment fondateur, Michel Despland

Élie Gounelle. Apôtre et inspirateur du christianisme social, Jacques Martin

Le vodou haïtien. Reflet d'une société bloquée, Fridolin Saint-Louis

Haïti et la mondialisation de la culture. Études des mentalités et des religions face aux réalités économiques, sociales et politiques, François Houtart et Anselme Rémy

La révolution des messies, Albert Soued

Les Églises protestantes en Haïti, Fritz Fontus

Section 2 : Sciences humaines et spiritualité

Essai sur Thérèse Martin, Thérèse Mercury
Le dessein temporel de Jésus, Jean Labbens
L'évangile oublié, André Beaugé
Islamité et Laïcité, Maxime Joinville - Ennezat
Dieu à hauteur d'homme, Albert Gaillard
Le mal au féminin, Ivone Gebara
Un Islam à vocation libératrice, Mahmoud Mohamed Taha

ISBN : 2-7475-2820-0

Avant-propos

Mahmoud Mohamed Taha, témoin de l'Islam dans le monde contemporain

Pour comprendre l'oeuvre de Mahmoud Mohamed Taha, il est important de retracer l'essentiel de sa biographie, de rappeler brièvement le contexte historique du Soudan de son époque et de se référer à certains traits de la genèse de l'Islam.

1. Mahmoud Mohamed Taha et la société soudanaise

Né, selon les sources, en 1908[1] ou entre 1909 ou 1911[2] à Rufa ville située sur le Nil bleu, au centre du Soudan, ayant perdu ses deux parents très jeunes, il obtint son diplôme d'ingénieur à l'Université de Khartoum, en 1936. Son grand-père avait pris part à la révolte du Mahdi contre les Anglais. Après avoir brièvement travaillé au chemin de fer, il fut employé dans les cultures de coton de la Gézirah.

Dès la fin des années 1930, il participa au mouvement nationaliste en faveur de l'indépendance, s'opposant tant à l'occupation étrangère qu'aux élites religieuses traditionnelles. Cela l'amena, en 1945, à former le parti nationaliste d'inspiration socialiste et prônant un Islam moderniste. Un après, il était emprisonné. À peine sorti de prison, il prit la défense d'une femme de Rufa ayant pratiqué l'excision sur sa fille, non pour

---

1. Etienne Renaud, À la mémoire de Mahmmoud Mohammed Taha, *Prologue*, Revue maghrébine du livre, n° 10, 1997, 14 - 21.
2. Abdullahi Ahmed An-Naim, introduction à l'ouvrage de Mahmmoud Mohamed Taha, *The Second Message of Islam*, Syracuse University Press, 1996.

défendre cette pratique, mais parce que la mesure disciplinaire provenait du pouvoir colonial. Il est à nouveau emprisonné.

Après cette expérience, il se consacre à l'étude des mystiques de l'Islam, Hallaj Ghazâli et Ibn Arabi. Dans la tradition du soufisme, il s'adonne au jeûne et à la prière de même qu'à la méditation. Il approfondit sa connaissance du Coran. Il étudie également la philosophie occidentale. Suite à son expérience religieuse, il donne à son parti le nom de Frères républicains, se démarquant ainsi des Frères musulmans, ce qui lui fit perdre un certain nombre d'adeptes qui rejoignirent les autres partis politiques de l'époque. Il continua sa pratique professionnelle, tout en enseignant ses idées sur l'Islam jusqu'en 1973, lorsqu'il fut interdit d'enseignement public au Soudan. La communauté qu'il avait formée vivait les principes de l'Islam, adaptés aux conditions du monde moderne, prônant l'égalité entre les femmes et les hommes, refusant les privilèges masculins dans le droit conjugal, abolissant la pratique de la dot et les cérémonies dispendieuses caractérisant les mariages.

Interdit d'enseignement, il s'adressa alors à de nombreux auditeurs dans les parcs publics, pratique répandue à cette époque et dont je pus faire l'expérience en 1968, lors d'une réunion de solidarité avec les Mouvements de libération des colonies portugaises, de l'Afrique du Sud et de la Namibie, organisée à Karthoum. Tout un public s'agglutinait, dès qu'un orateur prenait la parole et la participation populaire était intense. On peut s'imaginer qu'une telle pratique de la part de Mahmoud Mohamed Taha, ne fut guère du goût des autorités religieuses et politiques de l'époque.

Malgré les restrictions apportées aux activités des Frères républicains, ceux-ci appuyèrent le régime du président Nouméri, durant la décennie des années 1970 et au début des années 1980. Tant que ce dernier maintenait une ligne nationaliste, sans imposer la *sharîʿa*, comme le demandaient les courants fondamentalistes et tant qu'il maintenait l'unité entre le Nord du pays (musulman) et le Sud (non-musulman, animiste ou chrétien). Mais peu à peu le régime céda aux éléments religieux conservateurs. En 1977, Mahmoud Mohamed Taha fut à nouveau emprisonné. En 1983, un écrit dans lequel il critiquait le vice-président pour sa politique de répression religieuse et de discrimination vis-à-vis du Sud, fournit la base d'un nouvel emprisonnement, qui dura 19 mois, sans jugement. Au sortir de prison, il s'en prit directement à la politique d'islamisation du président Nouméri et exigea la garantie des libertés démocratiques, notamment pour le Sud, ce qui provoqua une nouvelle incarcération.

Le 7 janvier 1985 s'ouvrit le procès, sur base du document critique qu'il avait publié le 25 décembre 1984. Le juge l'accusa de propager des vues non orthodoxes sur l'Islam, susceptibles de troubler les croyants et de prôner la sédition. Il prononça la peine de mort pour cinq accusés, le principal d'entre-eux étant Mahmoud Mohamed Taha . La Cour d'appel, sollicitée peu après, confirma la double accusation d'apostasie et d'atteinte à la sécurité de l'État. La sentence fut l'exécution immédiate pour Mahmoud Mohamed Taha et un délai d'un mois pour les quatre autres afin de leur donner la possibilité de s'amender. La décision de la Cour d'appel fut connue le 15 janvier. Le président Nouméri la ratifia et l'annonça publiquement le 17, dans une émission à la radio et à la télévision. Il donna seulement trois jours aux compagnons de Mahmoud Mohamed Taha pour se rétracter, ce qu'ils firent. Cela conduisit à la libération de tous les Frères républicains. Entre-temps, le 18, toutes forces de sécurité avaient été mobilisées et l'armée entoura la prison centrale de Khartoum. Des parachutistes investirent la prison. Plusieurs centaines de personnes avaient été admises dans la cour où le gibet avait été érigé. On y amena Mahmoud Mohamed Taha, la tête recouverte d'un voile. Avant l'exécution on le découvrit. En souriant, il jeta un regard circulaire sur la foule, le voile fut remis sur sa tête et il fut pendu.

Le président Nouméri ne fit pas long feu. Le 6 avril de la même année, il était renversé. Sur base de la nouvelle constitution d'octobre 1985, la fille de Mahmoud Mohamed Taha demanda une révision du procès. Le 18 novembre 1986, la cour suprême déclara le procès de janvier 1985, nul et non advenu.

Mahmoud Mohamed Taha avait publié en 1967 l'ouvrage que nous présentons pour la première fois en langue française dans la collections *Religions et Sciences humaines*. Il fut réédité cinq ans plus tard et connut au Soudan cinq éditions successives. La raison de la publication dans cette collection est double. Tout d'abord l'auteur prend une distance critique vis-à-vis du Coran, en le resituant dans son contexte historique et social. La lecture est donc médiatisée par une démarche de sciences humaines. Ensuite, il s'appuie sur l'Islam pour prendre des positions sociales et politiques, défendant à la fois une option socialiste et une revendication d'égalité devant la loi, des musulmans et non musulmans, estimant qu'elles étaient plus fidèles à l'Islam authentique que la démarche fondamentaliste revendiquant la *sharî'a*.

Tout en reconnaissant les différences d'approche, on pourrait faire un parallèle entre sa démarche et celle de Ali Shariati en Iran. Tous les deux voulaient un Islam mieux à même de rencontrer les défis du monde contemporain. Tous les deux optèrent pour un socialisme démocratique. Tous les deux payèrent de leur vie les idéaux qu'ils avaient défendus, Ali Shariati ayant été assassiné à Londres par la police secrète du Shah, au début des années 1980.

2. Rappel de la genèse de l'Islam

Pour mettre en perspective ce que Mahmoud Mohamed Taha appelle le deuxième message de l'Islam, faisons la distinction entre la *sharî'a*, loi adaptée à la situation sociale et culturelle des sociétés arabes du VIIe siècle et la *sunna* ou l'expérience spirituelle du prophète en tant qu'homme de Dieu (Nabî)[1]. La *sharî'a*, selon lui, est une mission transitoire pour son temps, dont il faut dégager les grands principes, sans vouloir appliquer au XXe siècle des prescriptions adaptées à une situation du VIIe

1. Etienne Renaud, *op. cit.*, 15.

siècle. Par contre la *sunna* représente un idéal à vivre «jamais atteint, vers lequel doit tendre l'humanité entière»[1].

Les révélations de la Mecque seraient ainsi plus proches des principes fondateurs de l'Islam que celles de Médine, qui suivirent. «Le message fondamental de la prédication mecquoise, écrit Étienne Monard, s'est trouvé en quelque sorte occulté, au moment où il s'agissait de fonder une communauté incarnée dans l'espace et le temps, par les nécessités d'adaptation aux conditions locales»[2].

La péninsule arabique avait connu de profonds bouleversements au cours des siècles qui avaient précédés l'époque du prophète. Des villes marchandes cosmopolites (nombreux juifs et chrétiens) s'étaient développées le long des côtes, assurant les relais commerciaux entre la Méditerranée et l'Orient, face aux tribus autochtones du Nord, dont la Mecque était le centre religieux. Jusqu'au début du 6ᵉ siècle, les rois de Kinda avaient maintenu leur hégémonie sur toute l'Arabie centrale et ils furent remplacés par les Hymiarites du Sud. Tous ces changements, accentués par les rivalités entre la Perse et Byzance, bouleversèrent les structures sociales traditionnelles, créant notamment de profondes inégalités. Le message universaliste et égalitaire que le prophète introduisit à la Mecque inquiéta les marchands mecquois et Mahomet fut obligé de quitter la ville pour se réfugier dans l'oasis de Yathrib (la future Médine).

Cela n'alla pas sans conflit avec les groupes arabes dominants et avec les juifs qui y étaient installés. Mohamed en sortit vainqueur en l'an VII de l'Hégire (période calculée depuis la migration de la Mecque à Yathrib). Cela rallia les mécquois à sa cause. Il obtint aussi l'adhésion de la plupart des clans bédouins qui acceptèrent de payer la *zakât* (tribut). C'est ainsi que l'Islam qui avait été une expression religieuse d'une protestation sociale, forma peu à peu la base culturelle d'une nouvelle entité politique, très impliqué qu'il était dans la formation de ses normes, dans la

1. *Ibidem*
2. Etienne Renaud, *op. cit.*, 16.

justification de ses pratiques et dans la légitimation de son pouvoir. Deux périodes que Mahmoud Mohamed Taha s'attache à distinguer.

La publication de cet ouvrage est l'occasion de rendre compte, avec respect, d'une réflexion interne à l'Islam et à exprimer une profonde admiration envers celui qui osa la porter jusqu'au témoignage suprême.

François Houtart
20 septembre 2001

Préface

Vers une théologie islamique de la libération ?[1]

Samir Amin

L'œuvre de Mahmoud Mohamed Taha annonce-t-elle la naissance d'une théologie islamique de la libération ? En tout cas, la lecture de l'ouvrage majeur de ce cheikh soudanais [*Le Second Message de l'Islam – Ar-risâla ath-thâniyya min al-'islâm*, Khartoum, 1971], ne peut laisser indifférent. La conviction profonde de ce croyant musulman, la maîtrise parfaite de ses connaissances en théologie, la puissance de son argumentation en faveur d'une interprétation radicalement nouvelle de la foi, en rupture ouverte avec le credo dogmatique conservateur officiel dominant, témoignent de l'importance de cette contribution à un renouveau islamique qui, par bien des aspects, rappelle sur l'essentiel celui qu'anime la théologie chrétienne de la libération.

1. Les deux messages divins dans l'Islam

Mahmoud Mohamed Taha lit dans l'Islam deux messages de Dieu (en arabe *risâla*), l'un immédiat (la première *risâla* dans les termes de Taha), l'autre ultime (la seconde *risâla*). Connaître d'abord la seconde *risâla* éclaire le débat, permet de saisir la portée de la première et de comprendre pourquoi l'Islam dominant s'en contente.

La foi véritable n'existe pas sans l'adhésion à la seconde *risâla*. Celle-ci se résume dans une phrase : *l'être humain a été*

---

1. Texte emprunté au numéro de *Alternatives Sud*, «Théologies de la libération», Vol. VII (2000), n° 1, Paris, L'Harmattan, pp. 209-213.

créé à l'image de Dieu. Il est de ce fait libre, responsable et perfectible. La vie des individus est une lutte permanente qui n'a de sens que lue dans la perspective du combat pour se rapprocher de la perfection divine, écartant les dangers permanents de s'en éloigner. La vie des sociétés, elle aussi, n'a pas d'autre sens que celle de leur combat pour progresser dans la direction de la perfection.

2. La société idéale fruit d'une lutte sociale

Mahmoud Mohamed Taha déduit de ce message essentiel une conclusion radicale : la société idéale qui doit être l'objectif du combat social, celle qui crée les conditions les plus favorables permettant à l'être humain individuel de mener son combat propre pour se rapprocher de Dieu, celle donc sans laquelle la foi demeurera victime des limites que la société impose à l'épanouissement de la liberté responsable des individus, ne peut être qu'*une société socialiste et démocratique*.

Le socialisme, selon Mahmoud Mohamed Taha (qui utilise le terme arabe *'is̲h̲tirâkiyya*) est synonyme d'accès égal de tous à toutes les richesses matérielles que le génie humain peut créer. Il est donc en fait plus proche, dans cette définition, du concept de communisme (en arabe *s̲h̲uyû ̔iyya*) que des expériences et des programmes du socialisme historique moderne. Car, selon Mahmoud Mohamed Taha, tant que ces conditions sociales ne sont pas créées, l'individu reste prisonnier des pulsions égoïstes qui le meuvent et limitent ses capacités potentielles d'aller plus loin dans la voie de la perfection à l'image divine.

Dans sa définition des richesses matérielles, Mahmoud Mohamed Taha aborde la question des *rapports être humain-nature*, dans les termes de la théologie du second message de l'Islam qu'il propose. La nature est également création de Dieu, comme l'être humain qui en fait partie. La nature n'est donc pas un ensemble de choses placées à la disposition sans limite de l'humanité. L'humanité ne peut donc se rapprocher de la perfection divine que si elle sait établir avec la nature un rapport équilibré, approfondissant la conscience de son appartenance à l'univers dans son ensemble. Cette règle définit donc les fins et les conditions d'organisation de la production des richesses matérielles utiles à l'épanouissement des sociétés et des individus.

À son tour, ce socialisme (ou communisme), comme système social idéal n'a de sens que s'il est démocratique, c'est-à-dire, dans les termes de Mahmoud Mohamed Taha, fondé sur la liberté absolue des individus. Car cette liberté absolue est la condition de la responsabilité, la garantie que les choix que les individus sont amenés à faire à chaque instant, dans tous leurs rapports, peuvent les rapprocher (ou les éloigner) de Dieu.

À partir de là, Mahmoud Mohamed Taha distingue le projet qu'il défend au nom de la foi islamique de ceux du socialisme historique moderne. Le modèle soviétique, entre autres, est resté, selon lui, fondé sur les pulsions égoïstes des individus. La société soviétique partage ce caractère avec les sociétés du capitalisme moderne. Le mépris de la démocratie dans l'expérience soviétique provient, selon Mahmoud Mohamed Taha, de cette contradiction entre la fin qu'il proclame (le socialisme comme abolition des injustices) et sa philosophie matérialiste, qui impose le recours à des moyens mobilisant les pulsions égoïstes des individus. Mais si la foi ne peut pas s'épanouir dans notre monde moderne capitaliste (y compris dans les pays musulmans), pas plus qu'elle ne le pouvait dans tous les systèmes antérieurs (y compris en terre d'Islam), parce que l'injustice créée par le recours à l'égoïsme des individus perpétue celui-ci, sans foi véritable, il n'y a pas non plus de socialisme possible.

Tel est le «second message» (le message ultime) de l'Islam, dans la théologie que Mahmoud Mohamed Taha propose. Ce message d'ailleurs, *l'Islam le partage avec toutes les expressions religieuses de l'humanité* à travers les temps et les espaces. Car l'Islam ainsi conçu a toujours existé, selon Mahmoud Mohamed Taha. Il n'est pas «daté» par la révélation coranique. Il est *la religion de Dieu* (selon les termes même de Taha), c'est-à-dire celle qui a existé de tout temps et s'est exprimé, entre autres, par les révélations judaïque, chrétienne et autres.

De la même manière donc que *la religion de Dieu* (l'Islam) a connu des expressions antérieures à la révélation coranique, celle-ci contient, avec son message ultime, un message immédiat, conjoncturel.

Car Dieu est toujours présent. Il intervient dans la vie des êtres humains et des sociétés. Il leur envoie des messages, des commandements qui s'adressent à eux dans le langage qu'ils sont capables de comprendre à un moment donné. Ces messages, qui sont conjoncturels, aident les individus et les sociétés à se corriger, à faire un pas (mais pas nécessairement plus) dans la bonne voie. C'est pourquoi ils peuvent même paraître contradictoires, si on les prend au pied de la lettre et leur donne une portée absolue qu'ils n'ont pas. Dieu s'est ainsi manifesté à travers les messages des prophètes juifs et du Christ.

Dans la révélation coranique comme dans la Tradition (la *sunna*) il faut donc *distinguer le message ultime de l'Islam de ses commandements conjoncturels*. Dans son analyse savante et fine des textes, Mahmoud Mohamed Taha signale que le message ultime occupe une place dominante au début de la révélation, dans les sourates mecquoises. Ici la révélation ne s'occupe pas des problèmes de gestion de la société mais seulement de l'essence de la foi (l'être humain libre et responsable a été créé à l'image du Dieu unique et tout puissant). Par contre, l'occasion s'étant offerte d'organiser une société un peu meilleure que celle de l'Arabie de l'époque, à Médine, autour du Prophète, une société capable de faire quelques pas dans la bonne direction, d'ouvrir une voie à la progression de la foi, Dieu n'a pas manqué d'intervenir pour aider les hommes à la structurer. Mahmoud Mohamed Taha considère alors que les commandements faits à cette société doivent être lus comme conjoncturels, non comme l'image finale de la société idéale, la réalisation de l'absolu. Il traite ici successivement de huit questions que les musulmans considèrent généralement comme réglées par la loi (la s͟harîʿa) telle qu'elle a été exprimée dans cette communauté médinoise :

1) la guerre sainte (*le jiḥâd*),
2) l'esclavage (*ar-riqq*),

3) le capitalisme (*ar-ra'sumâliyya*) qu'on peut lire comme les questions de la gestion économique de la société par le moyen de la propriété privée et du commerce licite,
4) l'inégalité entre hommes et femmes,
5) la polygamie,
6) le divorce/répudiation (*aṭ-ṭalâq*),
7) le voile des femmes (*al-ḥijâb*),
8) la séparation entre les hommes et les femmes dans la vie sociale.

3. Une démarche spécifiquement théologique

Par une analyse attentive des textes sacrés, Mahmoud Mohamed Taha défend sa théologie, mettant l'accent sur toutes les nuances qui démontrent, selon sa lecture, le caractère conjoncturel des solutions apportées par la loi en ce lieu et ce temps précis. Chacun des chapitres concernant ces huit questions porte le même titre significatif... La Guerre sainte n'est pas fondamentale dans l'Islam... La polygamie n'est pas fondamentale dans l'Islam, etc.

Malheureusement, les musulmans, comme d'autres avant eux (les juifs), se sont satisfaits de ce message immédiat, de ces commandements. En mettant l'accent sur l'obéissance à ceux-ci, ils se sont épargnés la tâche, autrement plus difficile, de progresser dans la voie indiquée par le message ultime de la foi. Ils ont ritualisé, dogmatisé la religion (cela faisait l'affaire des forces réactionnaires de domination et d'exploitation). Et Mahmoud Mohamed Taha de conclure avec sévérité : ils n'ont pas créé une communauté «islamique» (*muslimûn*) mais seulement une communauté de «croyants» (*mu'minûn*).

Mahmoud Mohamed Taha s'était donc attaché à prêcher activement, par des écrits, des paroles, l'organisation d'élèves militants autour de lui. Prêcher contre l'interprétation conservatrice, ritualiste, formaliste, du respect du seul message immédiat, pour une interprétation mettant l'accent sur le message ultime, appelant à agir pour transformer la société dans un sens favorable au déploiement de la foi.

C'était là son crime, aux yeux des politiciens qui, derrière le masque de l'Islam politique, rejettent la démocratie, confortent les injustices du capitalisme, accaparent un pouvoir absolu, réduisent leurs peuples en esclavage moral. Il a été condamné à mort par les «tribunaux» du régime des Frères Musulmans dirigé par le Cheikh Hassan al-Tourabi. Il a été pendu, âgé de 76 ans. Ses livres ont été interdits et brûlés.

Louange à Dieu,
À Lui nous sollicitons
Aide et guidance à la bonne voie

Prologue

Quand le verbe divin fut transmis au prophète de l'Islam, Mohammad, dans les collines de la Mecque au VIIe siècle après J-C, une nouvelle civilisation émergeait qui allait élever la valeur humaine à un sommet jamais égalé dans l'histoire de l'humanité. Se construisant sur les ruines des civilisations matérielles, romaine à l'ouest et perse à l'est, cette nouvelle civilisation reçut son articulation ultime, d'un point de vue théorique tout au moins, lorsque Dieu révéla à son prophète le verset suivant : «*Aujourd'hui J'ai parachevé pour vous votre religion, parfait pour vous Mon bienfait en agréant pour vous l'Islam comme religion ...*» (V, 3).[1]

Le premier tiers du septième siècle touchait à sa fin et, lorsque le prophète mourut peu après, cette nouvelle civilisation fut en perte de vitesse. Comme le reconnut alors un des compagnons du prophète : «*Nous n'avions pas tôt fait de nous dépoussiérer après l'enterrement du messager de Dieu que nous reniions nos cœurs*». En fait, dès la fin du règne du troisième calife Othman[2], durant les années troubles de la période de l'histoire de l'Islam appelée *al-fitna al-kubrâ* ou la «Grande Discorde», ce commentaire ne s'avérera que trop juste.

À partir de ce moment, en effet, la civilisation islamique entama son déclin alors même que la base de l'Islam s'élargissait, embrassant largement les civilisations romaine et perse sur les ruines desquelles, comme nous l'avons dit, elle s'était initialement développée.

L'histoire se répète, dit-on. Certes, mais jamais de manière similaire : les événements se produisent au présent à la fois

---

1. Pour traduire l'ensemble des versets coraniques cités dans ce livre, nous avons opté pour la traduction de Jacques Bergue [Le Coran, Éd. Albin Michel, 1990] (N.D.T.).
2. Mort assassiné à Médine en 656 (N.D.T.).

semblables et dissemblables à ceux du passé. L'espace n'est pas sphérique, le temps ne l'est donc pas non plus. En fait, ils sont tous deux hélicoïdaux, procédant de la base jusqu'au sommet où la fin du cycle s'apparente à son origine tout en s'en distinguant.

De même que le temps sur notre planète fait alterner la nuit et le jour, l'obscurité et la lumière, et que l'homme chemine par le mouvement successif de ses deux membres inférieurs, le droit et le gauche, ainsi la vie progresse-t-elle le long de deux axes, l'un matériel, l'autre spirituel. Lorsqu'au cours de son évolution, la société humaine développe l'axe matériel et prend appui sur lui, elle s'apprête nécessairement à développer l'axe spirituel, comme il se doit : «*puisque c'est là pour ton Seigneur sentence irréversible*» (XIX, 71). Autrement dit, le progrès de la vie est incessant, il n'est ni ajourné, ni répété. Son développement va irrémédiablement de l'avant car la vie s'efforce d'être parfaite en forme, comme elle l'est en essence, même si cet objectif reste à jamais hors de portée.

Le progrès de la civilisation humaine peut aussi être comparé au mouvement d'une vague, toujours située entre un creux et une crête. Au fond du creux, la vague ne fait que gagner suffisamment d'énergie pour s'élever au-dessus de la crête. Le creux représente le progrès matériel de la société humaine alors que la crête représente son sommet spirituel. Ainsi, contrairement à ce que pensent ceux qui ne saisissent le développement social que par fragments disparates et qui déprécient par là le progrès matériel comme œuvre impure de Satan (*shaytan*), Dieu puise la vie vers Lui sur base de ces deux pôles que sont la matière et l'esprit. En fait, pour le monothéisme (*tawḥîd*), la matière et l'esprit sont un seul et même phénomène, qui ne diffèrent pas en essence mais seulement en degré.

Chapitre 1

La civilisation spirituelle et la civilisation matérielle

La civilisation à caractère spirituel (*al-madaniyya*) se distingue de la civilisation à caractère matériel (*al-ḥaḍâra*). Leur différence n'est cependant qu'une différence de degré. Leur essence est, quant à elle, parfaitement semblable. De ce fait, la civilisation spirituelle occupe le sommet de la pyramide sociale tandis que la civilisation matérielle s'y trouve à la base.

La civilisation spirituelle peut être définie comme étant investie de la capacité à discerner les valeurs et à les observer dans le comportement quotidien. L'homme civilisé spirituellement ne confond pas fins et moyens et ne sacrifie pas les premières au profit des seconds. Il est porteur de valeurs et de morale. Bref, l'homme civilisé spirituellement est un individu intellectuellement et sentimentalement accompli.

1. La civilisation spirituelle est-elle la morale ?

Très certainement ! Mais qu'est-ce donc que la morale ? Plusieurs définitions peuvent être avancées. D'une manière générale, on peut dire que la morale est le bon usage de la liberté individuelle. Le prophète disait : «*Je ne fus envoyé que pour parfaire les vertus de la morale*». C'est pourquoi nous avons dit précédemment que Mohammad fut l'apogée ultime de la civilisation telle que Dieu la lui révéla. Le Coran le décrit de la façon suivante : «*Tu es porté par un caractère magnanime*» (LXVIII, 4). De même, lorsque Aïsha, l'épouse du prophète, fut interrogée sur les valeurs morales de celui-ci, elle répondit : «*La morale du prophète, c'est le Coran*». Or, le Coran est incontestablement la morale de Dieu. Et celle-ci est nécessairement parfaite. Nous définirons donc la morale comme le bon usage de la liberté individuelle parfaite.

Grâce à sa stricte observance des préceptes divins et à sa propre exigence de soi, Mohammad était plus que tout autre capable d'exercer sa liberté individuelle, en tout ce qu'il faisait ou s'abstenait de faire à l'égard de Dieu et d'autrui. N'a-t-il pas affirmé : «*Rendez compte à vous-mêmes avant d'en demander aux autres*» ?

Précisément, la tradition du prophète (*as-sunna*), que l'on a tant commentée sans toujours en appréhender le sens profond, est l'ultime expression de ce bon usage de la liberté individuelle. C'était à cette *sunna* que le prophète faisait référence dans un *ḥadîth*[1] célèbre où il dit : «*'L'Islam sera exilé comme il le fut à ses débuts. Et les exilés seront les bienheureux du paradis'. Quand on lui demanda qui étaient ces exilés, il répondit : 'Ceux qui feront renaître ma tradition* [sunna] *après sa disparition'*». La tradition du prophète démontre sa capacité, en toutes circonstances, à faire bon usage de sa liberté individuelle. Elle est donc le point culminant de la morale et, également, le summum de la civilisation spirituelle (*al-madaniyya*).

La civilisation matérielle (*al-ḥaḍâra*), quant à elle, se résume à la jouissance de certains conforts et moyens de vie. Si un homme possède une voiture de luxe et une maison cossue, richement meublée, il jouit du progrès matériel. Mais s'il obtient ces moyens au détriment de sa liberté, il ne peut prétendre être civilisé. Il est donc possible de jouir de la civilisation matérielle sans être civilisé ou, inversement, d'être civilisé sans jouir des conforts de la civilisation matérielle, le premier phénomène étant plus fréquent que le second. Or, l'homme accompli est celui qui réunit ces deux qualités à la fois. Et telle est désormais notre aspiration.

---

1. Propos ou acte dont le prophète est l'auteur. Le Coran, par contre, est attribué à Dieu dans son contenu comme dans sa formulation, tel que révélé au prophète par l'intermédiaire de l'archange Gabriel (N.D.T.).

2. La civilisation occidentale

À la lumière de ce qui précède, nous pouvons affirmer que la civilisation occidentale contemporaine n'est fondamentalement pas une civilisation spirituelle (*madaniyya*), et ceci malgré le progrès matériel dont elle jouit. Elle ne l'est pas car ses valeurs sont confuses : les moyens ont pris le pas sur les finalités. Comme nous l'avons souligné dans notre ouvrage intitulé *Traité sur la Prière* (*risâlat aṣ-ṣalâ*), la civilisation occidentale présente deux facettes : l'une positive, l'autre négative. D'un côté, figurent les découvertes scientifiques de l'Occident et sa capacité à employer ces progrès à l'amélioration de la vie humaine. De l'autre, se situe son incapacité à oeuvrer intelligemment pour la paix. L'Occident investit en effet beaucoup plus de ressources et d'énergie aux moyens de destruction qu'il n'en alloue à la paix et au développement.

Parallèlement, la civilisation occidentale matérielle échoue à concilier les besoins de l'individu et ceux de la collectivité, c'est-à-dire le besoin de liberté individuelle et celui de justice sociale. L'incapacité à accorder ces exigences a empreint la pensée humaine tout au long de son histoire.

C'est précisément ce critère qui permet de mettre en lumière les insuffisances flagrantes des philosophies et idéologies passées et présentes. En cela, l'Islam se démarque nettement de ces dernières.

Ces considérations s'appliquent tout autant à la doctrine communiste qui illustre parfaitement la confusion des valeurs au sein de la civilisation occidentale matérielle. Le communisme privilégie en effet la société au détriment de l'individu, confondant ainsi moyens et finalité. À cet égard, le capitalisme ne fait pas mieux que le communisme.

3. L'échec de la civilisation occidentale

La civilisation matérielle occidentale a actuellement atteint les limites de son expansion. Elle a clairement failli à répondre aux besoins de la société moderne. Contrairement à la situation qui prévalut au lendemain de la Première guerre mondiale, la société manque de stabilité depuis 1945. En 1918, les vainqueurs demeurèrent victorieux également dans la période de paix subséquente, et en tant que tels, étaient capables de régenter la communauté internationale. D'une manière ou d'une autre, et quels qu'aient été les défauts de cet ordre établi, ils purent instaurer un désarmement plus ou moins long, propice à une certaine stabilité. Les puissances qui sortirent vainqueur de la Seconde guerre mondiale, et plus particulièrement la Grande Bretagne, ont par contre tout à fait perdu la paix. En fait, il n'y eut, à l'issue de cette guerre, ni vainqueur ni vaincu. Les belligérants se sont retrouvés embarqués sur le même navire, navigant à vue, unis dans la perplexité et le désarroi. Vingt ans plus tard, l'humanité est toujours en guerre… par crainte de la guerre. Le mot «paix» est sur toutes les lèvres alors que des sommes gigantesques sont dépensées en armements. La dissuasion par les armes est l'unique moyen qui a pu être élaboré en vue de maintenir la paix.

La raison de l'échec de la civilisation occidentale est qu'elle a déjà atteint la limite de son évolution strictement matérielle alors que la société contemporaine est encore en pleine mutation. Elle est actuellement incapable d'insuffler des idées neuves qui viendraient féconder les anciennes, augmenter son potentiel de développement et sa capacité d'accompagner et d'orienter la dynamique de la société humaine.

L'exemple de la Russie illustre bien notre propos. Son échec à construire le socialisme, encore moins le communisme, l'accule aujourd'hui à faire volte-face et à adopter des mesures qui encouragent la productivité et qui relèvent plus du capitalisme que du socialisme. Ceci prouve que la civilisation matérielle occidentale se trouve dans l'impasse. La Russie doit, en ces années soixante, rebrousser chemin et s'engager sur une voie différente de celle empruntée il y a un demi siècle dans l'euphorie et le zèle excessif de la révolution.

Le communisme chinois est lui aussi moribond. Apparu plus tard sur la scène internationale, il n'a donc pas devant lui assez de temps pour expérimenter sa méthode de gouvernement comme son homologue russe, surtout que l'écart entre les potentialités de la société moderne et l'inadéquation de la civilisation occidentale s'approfondit de jour en jour. Pour échapper à cette terrible contradiction, la Chine a tenté d'instaurer cette névrose collective, ironiquement appelée «révolution culturelle», menée par des adolescents fanatisés à l'encontre des scientifiques et des universitaires. Mao Tsé-Toung s'est érigé en dieu vivant et ses écrits sont devenus la seule et ultime source de culture et de savoir.

Il n'est pas nécessaire de rappeler ici le cas de l'Occident capitaliste. D'abord, parce que les communismes russe et chinois illustrent mieux les contradictions de la civilisation occidentale. Ensuite, parce que l'Occident capitaliste n'offre pas de nouvelle théorie pour vitaliser sa civilisation mais tente seulement de maintenir sa position traditionnelle. Tout au plus y eut-il un certain aménagement du capitalisme sous la contrainte d'une révolution communiste envahissante.

L'échec de la civilisation occidentale repose donc sur le fait que son progrès matériel et technique ne s'est pas doublé d'un progrès moral qui aurait pu réajuster les valeurs et confiner la machine à la place qui est la sienne : celle où elle sert l'homme au lieu de l'asservir. Le progrès matériel ne s'est malheureusement pas accompagné d'un progrès spirituel. Comme nous l'avons évoqué, la pensée sociale actuelle valorise davantage le pain que la liberté. Ce constat s'applique aujourd'hui tant au socialisme qu'au capitalisme, qui finalement ne diffèrent qu'en degré. En essence, tous deux sont de caractère matériel bien que le socialisme distribue sa production avec davantage de justice. L'apparente inimité entre les deux idéologies ne devrait pas nous abuser : elle est semblable aux luttes intestines entre différentes sectes d'une même religion, reflétant dans leur nature, une unité plutôt qu'une différence.

Finalement, afin de bien définir les causes de l'échec de la civilisation occidentale, nous devons admettre qu'elles proviennent de son incapacité à répondre valablement à deux questions pertinentes, résurgentes dans l'histoire de l'humanité et au cours de laquelle elles sont restées sans réponses satisfaisantes. À savoir : Quelle est la nature du rapport liant l'individu à la collectivité ? Et, quelle est la nature du rapport liant l'individu à l'univers ?

Nous allons, quant à nous, tenter sans plus attendre de répondre valablement à ces deux questions.

Chapitre 2

L'individu et la collectivité dans la pensée philosophique

Tout au long de son histoire, y compris dans sa récente phase communiste, la philosophie sociale n'a jamais réussi à appréhender correctement le rapport unissant l'individu à la collectivité. Cet échec trouve ses origines dans le fondement même de sa démarche. En effet, la philosophie sociale a toujours postulé l'inclination de l'individu, dans l'exercice de sa liberté individuelle, à nuire à l'intérêt de la collectivité. Et puisque la collectivité compte plus que l'individu, il était donc primordial de réserver tout le mérite à celle-ci. D'où, pour cette philosophie, la nécessité de sacrifier la liberté individuelle chaque fois qu'elle s'oppose aux intérêts du groupe.

Il est vrai que l'histoire de la société humaine, de sa naissance à nos jours, témoigne de ce que la liberté individuelle s'oppose le plus souvent à l'intérêt collectif. On peut même dire que la collectivité n'a pu instaurer un ordre au sein duquel garantir ses intérêts qu'en jugulant la liberté individuelle.

Au début de son évolution, l'individu menait en effet une vie sauvage et animale où il n'avait d'autre préoccupation que la satisfaction de ses instincts primaires. La société humaine ne pouvait évidemment naître qu'en les jugulant. C'est ainsi qu'apparut la coutume première régentant les relations entre les sexes. Les hommes se virent interdire tout rapport sexuel avec leurs sœurs, leurs filles, leur mère, etc. Une coutume plus tardive allait finalement interdire l'adultère en général. Cette coutume première, que l'on pourrait aussi appeler loi élémentaire, permit d'apaiser la jalousie farouche que suscite la convoitise des femmes et d'éviter les conflits au sein d'une même famille lorsque ses jeunes membres atteignent la maturité sexuelle. Grâce à cette loi, les hommes pouvaient cohabiter dans un même endroit ou en voisinage contigu en toute quiétude. La cohésion familiale était ainsi assurée entre le père, ses enfants adultes, ses beaux-parents, etc.

Il est fort probable que la coutume protégeant la propriété individuelle apparut en même temps que celle réglementant les relations entre les sexes. En effet, les sociétés primitives ne distinguaient guère la possession d'une femme, d'un outil ou d'une caverne. La cohésion et l'accroissement en nombre étaient une nécessité vitale pour ces clans restreints. Pour chasser comme pour se protéger de l'envahisseur, ils devaient être en nombre suffisant. Il leur était donc indispensable de s'entendre sur de telles coutumes destinées à préserver l'entité du groupe et à régenter les comportements en son sein.

L'adultère, commis par l'homme ou par la femme, fut ainsi châtié par la mise à mort. Dans un premier temps, ce châtiment fut également infligé aux voleurs ayant commis leur délit au sein du clan. Plus tard, à la faveur de l'élargissement du groupe, la mise à mort devint applicable au délit de vol en tant que tel. Avec le temps, cependant, le châtiment s'allégea. Il se limita à la simple amputation d'un membre du corps. L'individu ayant acquis davantage d'intelligence et de sensibilité, la mise à mort n'était plus un moyen de dissuasion nécessaire comme elle l'avait été naguère pour ses ancêtres.

Nous ne voulons pas suggérer que toutes les sociétés humaines se sont constituées partout d'une manière identique. Néanmoins, il est certain qu'elles se développèrent autour d'un ensemble d'us et de coutumes qui sont à l'origine des lois et auquel revient le mérite de l'apparition de la société humaine. Ces coutumes et ces lois premières étaient certes brutales car elles étaient destinées à corriger un individu encore primitif. Son caractère rustre et son penchant bestial nécessitaient une violence analogue pour l'assujettir. Ainsi, toute culpabilité, même pour un manquement mineur à la coutume, était châtiée par la mise à mort. Pire encore, même les individus irréprochables tombaient eux aussi sous le coup de cette loi violente puisqu'ils devaient être prêts à se tuer à tout moment pour servir le groupe. D'où la pratique du sacrifice humain dans le but d'attirer la satisfaction des dieux ou de se garder de leur colère... lorsqu'ils semblaient la manifester.

Cette loi violente et brutale est restée rigoureusement d'application jusqu'à une époque récente de l'histoire de l'humanité. L'exemple du patriarche Abraham en témoigne. Du temps de ce prophète, il y a moins de quatre mille ans, ni la religion ni la raison ne s'opposaient à cette loi première. Pour preuve, le patriarche lui-même, lorsqu'il reçut l'ordre divin d'immoler son fils Ismaël, s'y décida aussitôt avec détermination. Mais Dieu abrogea l'objet de son injonction et lui substitua une victime appartenant au règne animal, donc d'animalité nettement inférieure à celle des humains. Cette substitution constituait un rachat de la vie humaine par du bétail. Ce fut également le signe annonçant que le genre humain était sur le point de franchir un pas décisif pour accéder à un degré nettement supérieur à celui des animaux. Voici comment le Coran nous narre cet épisode : [Abraham dit à son fils Ismaël] : «*Mon enfant je me suis vu en rêve t'égorger. Examine quel parti prendre. Le fils dit : 'Père, faites ce dont vous avez reçu le commandement. Vous me trouverez, si Dieu veut, patient entre tous. Ayant ainsi tous deux manifesté leur soumission, il le jeta à terre sur la tempe alors Nous l'appelâmes : Abraham ! tu as avéré la vision. Ainsi les bel-agissants Nous rétribuons ce n'était là qu'épreuve d'élucidation'. Nous le rachetâmes contre une prestigieuse victime. Nous l'avons maintenu jusqu'aux ultimes. Salut sur Abraham au sein des univers*» (XXXVII, 102-109).

L'avant dernier verset «Nous avons maintenu [ce rachat] jusqu'aux ultimes» sous-entend, entre autres, l'abolition totale des lois condamnant l'individu aux peines violentes. En effet, le genre humain, qui avait subi celles-ci pendant une très longue période de l'histoire et dont il avait finalement tiré la leçon, se hissait maintenant au-delà des abysses de l'animalité et devenait digne d'être racheté au prix d'une tête de bétail.

Néanmoins, le sacrifice humain ne pouvait disparaître comme par enchantement dès sa première abolition. Des aspects de ce sacrifice physique continuent de se manifester aujourd'hui encore, mais cet épisode biblique a ouvert la voie à son abrogation chaque fois que le niveau de conscience et de maturité humaines le permet.

L'histoire plus récente nous révèle en effet un paradigme semblable, celui du rituel de la Promise du Nil (*ʿarûs an-nîl*), pratiqué par les Egyptiens jusqu'à la conquête de leur pays par les musulmans en 640 après J-C. Ce rituel consistait à faire offrande au Nil, pour assurer sa crue et ainsi éviter la disette, en précipitant un être humain dans ses eaux. La victime était choisie parmi les plus belles jeunes filles d'extraction noble. Lorsque le commandant ʿAmru, premier gouverneur musulman d'Egypte, fut informé des préparatifs de cette cérémonie, il demanda à ses administrés de patienter le temps nécessaire à la consultation du Calife Omar[1], installé à Médine, à qui il dépêcha un émissaire. La réponse du Calife fut prompte. Elle est célèbre par le contenu que voici :

Nil d'Egypte !
Si ta crue est l'émanation de ta propre volonté, abstiens-toi donc de la produire
Mais si celle-ci ne dépend que de Dieu, produis-la alors !

Les directives du Calife voulurent que le gouverneur jetât ce message dans les eaux du Nil à la place de l'offrande humaine. Le gouverneur s'exécuta et la crue du fleuve ne tarda pas à se produire. Le rituel cruel prit donc fin et un nouveau pas dans l'abolition effective de la législation violente était ainsi franchi. Cette cruauté envers le genre humain, qui a perduré depuis l'aube de la société humaine, bien avant le début de l'Histoire, et dont certains aspects ont persisté jusqu'à l'époque des exemples cités, a induit les philosophes sociaux en erreur. Le raisonnement par analogie aux faits de l'histoire leur a donné à croire que la liberté individuelle s'opposait constamment aux intérêts du groupe. Par conséquent, ils conclurent que le bon sens prône le sacrifice de la liberté individuelle au profit de l'intérêt de la collectivité. Même le communisme, pourtant à l'avant-garde de la philosophie

---

1. Omar Ibn Al-Khattâb, deuxième calife, mort assassiné à Médine en 644.

sociale contemporaine et jouant un rôle progressiste et perspicace au sein de la civilisation occidentale matérielle actuelle, s'est embourbé dans une telle illusion.

– L'individu et l'univers dans la pensée philosophique

Le rapport de l'homme à l'univers est encore moins bien appréhendé que celui qui lie l'individu à la collectivité. Alors que ce dernier a exigé une considération concrète et urgente dans les domaines politique, juridique et social, le rapport de l'individu à l'univers s'est largement confiné au domaine de l'abstrait. Son incompréhension se remarque donc moins.

Nous sommes encore empreints d'instinct grégaire animal et pas encore assez matures intellectuellement pour accéder au rang de l'individualité. Mais des signes de plus en plus nombreux annoncent que l'âge du groupe va céder le pas à celui de l'individualité. L'avènement de cette ère aura lieu lorsque le pseudo-antagonisme entre l'individu et la collectivité sera résolu théoriquement d'abord, dans la pratique ensuite. C'est ce que nous allons tenter d'approfondir par la suite, si Dieu le veut.

La compréhension minutieuse du rapport unissant l'homme à l'univers ne relève pas du domaine de l'abstrait ni du superflu. Il s'agit bel et bien d'une question pratique dont dépend l'accomplissement de l'individu ainsi que l'émergence d'une collectivité apte à se donner les moyens d'engendrer des individus susceptibles d'accomplir leur individualité.

C'est l'examen des faits de l'histoire de l'humanité depuis ses débuts qui peut expliquer les raisons de l'échec de la philosophie sociale à comprendre correctement le rapport de l'homme à l'univers.

En effet, dès que l'homme primitif se mit à marcher debout et put ainsi distinguer intelligemment le milieu naturel dans lequel il vivait, il le trouva bouillonnant de forces insensibles gigantesques et terribles. Leur configuration ne correspondait en rien à la sienne et leur comportement échappait totalement à son raisonnement. Elles étaient non seulement indifférentes à sa présence, mais certaines d'entre elles s'activaient même à détruire son existence.

Il se rendit compte également que les autres créatures vivant comme lui au milieu de ces forces inertes s'acharnaient, les unes contre les autres, dans des combats sans merci qui ne s'arrêtaient que pour mieux reprendre. En outre, les proies se muaient invariablement en prédateurs et inversement... au gré des circonstances. Cet environnement n'était pour lui que canines menaçantes et griffes à l'affût.

Pour assurer son existence et préserver sa vie dans un tel milieu, l'homme primitif dut apprendre à se comporter avec prudence et faire usage de ruses qu'il devait sans cesse inventer. Ces forces, maléfiques ou bénéfiques, que l'homme primitif rencontrait ne pouvaient être toutes combattues ni gouvernées. L'homme dut alors les apaiser ou les implorer. Il fit donc acte de soumission et d'humilité, offrit présents et sacrifices, et pratiqua la dévotion et les rituels. Par ailleurs, certaines d'entre elles pouvaient être maîtrisées par la ruse. L'homme primitif s'abrita donc dans les arbres, au sommet des montagnes, sur des pilotis ou dans d'autres lieux inaccessibles. Il développa également son habilité au combat en fabriquant des armes à partir de branches et de pierres.

Tiraillé ainsi entre la soumission et l'affrontement, se sentant constamment traqué, l'homme éprouvait un sentiment permanent d'angoisse. Ce sentiment le conduisit à concevoir l'univers comme fondamentalement antagoniste et hostile.

La philosophie a conclu que la religion, jusqu'à aujourd'hui, n'est autre qu'un corollaire de l'enfance de l'humanité auquel l'homme recourt pour combler son besoin d'un père protecteur. Cette même philosophie considère que l'affrontement avec le milieu est la règle et que l'homme primitif ne s'en remettait à la dévotion que lorsqu'il était incapable de remporter une victoire. Selon cette approche, le progrès de l'homme, des premières armes de pierre à la bombe à hydrogène actuelle, a rendu superflue sa dépendance à la religion puisque son habilité à combattre a atteint une quasi perfection. L'homme peut donc se passer de la dévotion, de la religion et même, de Dieu.

On prétend que Khrouchtchev déclara, quand le cosmonaute soviétique Youri Gagarine effectua le premier voyage dans l'espace, que celui-ci n'y avait pas trouvé cet être que l'on appelle Dieu. Comme si le dirigeant soviétique ne pouvait concevoir Dieu que fait de la matière qu'il prétendait connaître parfaitement. Depuis que l'idéologie communiste est incapable de concevoir quelque chose au-delà de la matière, elle convertit cette incapacité en vertu et se permet de nier toute existence en dehors de celle-ci. Cette démarche tend à confirmer que c'est en luttant contre le milieu que l'homme améliore sa connaissance de celui-ci, ses moyens de combat et leur maîtrise jusqu'à devenir finalement maître de son propre destin.

Le fourvoiement dans la compréhension du rapport de l'homme à l'univers n'a jamais été aussi profond, et au nom de la science et de la philosophie, qu'au sein du communisme qui est pourtant à l'avant-garde de la philosophie sociale contemporaine et qui joue un rôle progressiste et perspicace dans la civilisation occidentale matérielle actuelle.

L'Occident chrétien diffère-t-il de l'Orient communiste dans son attitude à l'égard de la religion et de Dieu ?

Tel devrait être le cas tenant compte du poids de la tradition chrétienne en Occident, mais dans la pratique, rien n'est plus faux. En effet, l'Occident, dans sa conception de la religion et de Dieu, n'a rien qui puisse l'immuniser contre le communisme. D'ailleurs, la Russie, avant la révolution, était non seulement chrétienne mais fidèle tenante de l'orthodoxie.

À vrai dire, si aujourd'hui la religion, fût-elle chrétienne ou musulmane, échoue à assimiler, avec bon sens et perspicacité, l'entièreté de l'activité sociale et individuelle et échoue à répondre à toutes les potentialités de la vie individuelle et collective, elle se trouve condamnée à perdre de son influence et à se distancier de la vie des gens. Elle sera alors remplacée par une autre philosophie, même erronée, aussi longtemps que celle-ci donnera l'impression d'être capable de fournir des réponses concrètes aux problèmes quotidiens des gens et de servir leurs intérêts vitaux, ne fût-ce qu'à court terme. Tant que les gens auront des besoins vitaux, les appels à la vertu ne devraient pas négliger ces derniers. Il est même dans la nature des choses que tout appel à la vertu passe par leur satisfaction.

Quelles que soient les différences apparentes entre l'Orient communiste et l'Occident chrétien, la civilisation occidentale matérielle actuelle n'est pas foncièrement chrétienne. Elle a échoué à comprendre le rapport qui unit l'individu à la collectivité ainsi que celui reliant l'individu à l'univers. La civilisation occidentale s'avère dès lors incapable de conjuguer, dans la pratique, le socialisme et la démocratie. C'est là l'aspect essentiel de son échec.

Notre objectif n'est pas, bien sûr, de déprécier cette civilisation ou même de minimiser son importance. Il s'agit de l'étudier de manière objective en vue de lui donner la place qui lui revient, de reconnaître ses mérites ainsi que les réformes qu'elle devrait entamer afin d'évoluer en une civilisation véritable, au-delà du simple progrès matériel.

Chapitre 3

L'individu et la collectivité en Islam

Il faut tout d'abord souligner qu'en Islam, l'individu – homme ou femme – est un but en soi. Tout le reste, Coran et religion compris, n'est qu'un moyen destiné à servir ce but. Cela signifie que l'être humain, qu'il soit homme ou femme, doué ou simple d'esprit, ne peut être utilisé pour servir d'autres buts.

L'Islam tout entier se résume en cette individualité. Elle y est à la fois le lieu commun et le centre d'intérêt. C'est pourquoi, devant Dieu, le jugement des faits et actes n'est prononcé qu'individuellement. L'homme comme la femme sont traités à titre individuel sans distinction aucune, soulignons-le bien. Dieu dit ainsi : «*Nulle porteuse ne porte la charge d'une autre*» (XXXV, 18) ; «*Qui aura fait un atome de bien le verra. Qui aura fait un atome de mal le verra*» (XCIX, 7-8) ; «*Nous hériterons de lui ce qu'il dit, et bien seul il Nous arrivera...*» (XIX, 80) ; «*Il les dénombre, fait leur décompte et tous s'en vont à Lui, le Jour de la résurrection, individuellement*» (XIX, 94-95) ; «*Et voici que vous Nous arrivez un par un, tels que la première fois Nous vous avons créés*» (VI, 94).

Cette égalité entre homme et femme est une idée fondatrice en Islam. La *sharî'a* (système légal islamique[1]) ne les a différenciés qu'en vertu de facteurs liés à l'histoire du développement de la société humaine.

En Islam, l'individu est évalué selon le degré de sa connaissance de Dieu. Il a fait de l'individu, quel qu'il soit, un but en soi car chacun porte en germe la connaissance de Dieu et

---

1. Dans d'autres contextes, le terme *sharî'a* peut se traduire par «loi(s)» ou «législation(s)» (N.D.T.).

Le connaîtra, tôt ou tard. «*C'est là pour ton Seigneur sentence irréversible*» (XIX, 71).

Nous avons laissé entendre, dans le premier chapitre de cet ouvrage, que l'Islam est à même de résoudre l'antagonisme apparent entre les besoins de l'individu et ceux de la collectivité et d'élaborer une démarche grâce à laquelle l'aspiration à la liberté individuelle parfaite devient le prolongement de l'aspiration à la justice sociale totale. C'est que l'Islam a conçu l'organisation de la collectivité en instrument pouvant servir la liberté. Cet agencement, l'Islam le doit au principe de l'unicité (*tawḥîd*) qui le caractérise et qui rend la *sharî'a* une et indivisible.

Le système légal (*sharî'a*) s'articule à deux niveaux : au niveau de la collectivité, les *mu'âmalât* (les obligations envers la société) réglementent les rapports sociaux et, au niveau de l'individu, les *'ibâdât* (les obligations envers Dieu) réglementent les pratiques cultuelles.

La caractéristique dominante des *mu'âmalât* (le relationnel) est qu'elles régissent les rapports entre individus au sein de la collectivité alors que les *'ibâdât* (le cultuel) régissent les rapports entre l'individu et Dieu. Ces deux types de loi ne sont cependant pas indépendants l'un de l'autre, ils sont plutôt les deux aspects d'un même corps légal existant en vertu de leur complémentarité. De plus, ces deux législations ne diffèrent qu'en degré et non en essence. En effet, la loi relationnelle est une loi cultuelle plus rudimentaire tandis que la loi cultuelle est une loi relationnelle raffinée. Ce raffinement est dû au caractère individuel qui se trouve davantage prononcé dans les *'ibâdât* que dans les *mu'âmalât*.

Il est clair, cependant, que le culte n'a de valeur que s'il se reflète dans les faits par un comportement correct envers autrui. La bonne conduite dans les rapports est elle-même considérée comme un véritable culte. Le prophète Mohammad le précise bien lorsqu'il dit : «*La piété est la bonne conduite dans les rapports avec les autres*». Ce propos du prophète réduit la retraite religieuse – acte cultuel individuel par excellence – à un simple stade durant lequel l'individu se prépare de manière théorique à la vie sociale où sa conduite sera mise à l'épreuve des rapports sociaux.

L'unicité (*tawḥîd*) énonce que toute existence a une seule origine, une seule voie et un seul devenir. Elle émane de Dieu et à Dieu elle retourne. Le retour à Dieu se fait individuellement, comme le précise le verset 94 de la sourate VI cité plus haut. Il n'implique pas de distances à parcourir mais s'effectue plutôt par le développement de qualités semblables à celles de Dieu, c'est-à-dire par la convergence des qualités du restreint vers les qualités du parfait. L'Islam, le Coran, ainsi que la collectivité, sont parmi les moyens qui permettent ce retour.

La collectivité possède sa propre liberté. Celle-ci peut être comparée à la base d'une pyramide dont le sommet serait la liberté individuelle ou, s'il on veut, à un arbre dont la liberté individuelle serait le fruit. Cette vision globale fait disparaître en Islam tout antagonisme et contradiction entre individu et collectivité.

L'Islam doit cet agencement des rapports entre individu et collectivité à l'unicité, grâce à laquelle toutes les lois garantissent, au sein d'une même démarche, les besoins de l'individu et ceux de la collectivité. Ainsi, l'individu n'est pas sacrifié au profit de la collectivité, le moyen n'est pas privilégié au détriment du but, et la collectivité n'est pas sacrifiée au profit de l'individu, ce qui reviendrait à abandonner le moyen le plus indispensable à l'accomplissement de l'individualité. La législation islamique dans tous ses aspects reflète donc l'accord parfait entre le besoin de l'individu pour une liberté individuelle parfaite et le besoin de la collectivité pour une justice sociale totale.

1. La liberté individuelle parfaite

Pour beaucoup de philosophes, débattre de la liberté individuelle parfaite reste du domaine du superflu. L'important pour eux est la restriction de cette liberté afin d'éviter l'anarchie. En Islam, par contre, la liberté est parfaite à l'origine. Donc, dès que nous parlons de liberté, quelle qu'elle soit et à quelque niveau que ce soit, nous entendons nécessairement une liberté parfaite. La liberté restreinte n'est qu'une effluve de la liberté parfaite dispensée aux êtres humains sur terre proportionnellement à leur capacité à assumer. La restriction n'est donc qu'un corollaire temporaire, lié à l'évolution de l'individu du restreint vers la perfection.

La liberté en Islam est donc originellement parfaite et tout être humain, du fait de son humanité, a le droit de l'accomplir, indépendamment de ses croyances et de ses origines.

Cependant, l'exercice de ce droit est conditionné au respect d'un devoir : celui de faire bon usage de cette liberté. La liberté n'est restreinte que lorsque l'individu libre fait preuve d'incapacité à honorer ce devoir. La liberté est alors confisquée mais proportionnellement au degré du manquement de l'individu. En outre, cette confiscation ne peut se faire que conformément à des lois fondées sur la constitution. Celle-ci est impérativement conçue, en Islam, de manière à concilier le besoin collectif de justice sociale totale au besoin de l'individu pour une liberté individuelle parfaite, de manière parfaitement équilibrée et sans sacrifice ni de l'un ni de l'autre. Lorsqu'elles sont minutieusement appliquées, ces lois satisfont, au sein d'une démarche agencée et à tous les niveaux de leur mise en œuvre, les intérêts de l'individu en même temps que ceux de la collectivité.

Si la perfection est au fondement même de l'Islam, c'est que selon lui, l'individu est capable d'un développement sans limites, du restreint à l'infini et de l'imparfait au parfait. La finalité de l'individu créé par Dieu est d'atteindre la perfection du Dieu créateur, perfection qui se trouve dans l'absolu. Dieu dit : «*Que l'homme obtient seulement le fruit de sa tribulation – Que sa tribulation sera considérée – Qu'alors il en recevra l'exacte rétribution – et que vers ton Seigneur sont les fins*» (LIII, 39-45). Dieu est donc le but ultime de tous nos efforts. Comme nous l'avons dit précédemment, le chemin qui conduit vers Dieu est celui de l'effort de convergence vers la morale divine. Dieu dit : «*Toi, l'homme qui t'évertues si fort vers ton Seigneur, alors tu Le rencontreras*» (LXXXIV, 6), et cela, que celui qui s'évertue vers Lui le veuille ou non.

Mais où cette rencontre aura-t-elle donc lieu ? Sur la terre ou dans les cieux ? Dans un *ḥadîth qudsî*[1], Dieu dit : «*Ma terre et Mon ciel ne peuvent me contenir, mais le cœur du croyant le peut*». C'est en lui-même que l'individu s'apprête à rencontrer Dieu et seulement lorsque Dieu l'aura voulu. À ce propos, un *ḥadîth* dit : «*Suivez l'exemple de Dieu ! Cet exemple est le droit chemin*». Le Coran dit : «*Soyez des Hommes-du-Seigneur, à raison même de votre enseignement de l'Ecriture, à raison de votre étude de l'Ecriture*» (III, 79).

La raison qui nous empêche d'assumer et d'accomplir notre devoir à l'égard de la liberté individuelle parfaite n'est autre que l'ignorance. Nous sommes ignorants au point de vénérer cette ignorance et de haïr la connaissance à moins qu'elle ne soit compatible avec nos passions. Dieu dit : «*Aussi bien se peut-il que vous répugniez à une chose, et qu'elle soit pour votre bien ; il se peut que vous en chérissiez une autre et qu'elle soit pour votre mal –Dieu sait, vous ne savez pas*» (II, 216). C'est de notre égoïsme dont il s'agit. Or, l'être humain est enclin à chérir son ego et les sottises que celui-ci lui commande. Par sa nature même, l'être humain est nécessairement égoïste. Sa perfection est, en fait, inhérente à cette nature égoïste.

À vrai dire, on peut concevoir deux sortes d'égoïsme : un égoïsme borné et ignorant, et un égoïsme compréhensif, transcendant et censé. L'égoïste ignorant peut concevoir ses intérêts même si ceux-ci s'opposent à ceux de la collectivité, allant même jusqu'à sacrifier les seconds au profit des siens. Par contre, l'égoïste censé ne conçoit ses propres intérêts qu'en parfait accord avec ceux de la collectivité. L'esprit qui anime ce

1. Le *ḥadîth qudsî*, ou *ḥadîth* divin, est un propos dont le contenu est attribué à Dieu mais dont la formulation revient au prophète. Il est en quelque sorte situé entre le Coran et le *ḥadîth* proprement dit (N.D.T.).

dernier est bien décrit par le célèbre poète Abû al-ʿAlâʾ al-Maʿarrî[1] dans ces vers :

«Les délices du Paradis, je les refuserais
s'ils n'étaient offerts qu'à moi seul.
Bannie soit l'abondance qui me serait réservée,
si elle ne s'étendait à tous,
bien loin au-delà de mon entourage».

Cette disposition est également décrite par le prophète Mohammad lorsqu'il dit : «*N'est croyant* (mu'min) *que celui qui souhaite à ses semblables ce qu'il souhaite pour lui-même*». Ainsi, l'Islam s'élève contre l'égoïsme borné et plaide pour l'égoïsme censé. Voici encore ce que dit le prophète à cet égard : «*N'est croyant que celui qui aligne ses passions sur mon message*». Les passions font référence ici à l'égoïsme borné. Il dit enfin : «*Ton pire ennemi est l'âme qui est en toi*». Cette «âme qui est en toi» est l'âme inférieure ou «immédiate» (*an-nafs ad-dunyâ*) par opposition à l'âme supérieure ou «l'autre âme» (*an-nafs al-'ukhrâ*). L'usage abondant de ces deux termes *ad-dunyâ* et *al-'ukhrâ* dans le Coran n'est certes pas fruit du hasard.

Dieu dit : «*Voici le Coran qui guide à la voie la plus droite*» (XVII, 9) et «*Qui bien se guide le fait pour soi-même, qui s'égare le fait à son propre dam*» (XVII, 15). Il est bien question ici de l'égoïsme borné par opposition à l'égoïsme censé.

Tant que nous sommes sous l'influence de l'égoïsme borné, des lois constitutionnelles, telles que nous les avons décrites plus haut, doivent intervenir afin de restreindre la liberté individuelle, non seulement au profit des intérêts de la collectivité mais également pour le bien de l'individu lui-même.

La liberté en Islam est donc bien une liberté à deux niveaux. Au premier, la liberté est limitée par des lois constitutionnelles, et au second, se trouve la liberté individuelle parfaite. L'individu libre au premier niveau est celui qui pense comme il le souhaite, qui exprime ce qu'il pense et qui agit en accord avec ses paroles, à la condition que l'exercice de sa liberté d'expression et d'action

---

1. Poète arabe célèbre par la hardiesse de sa pensée religieuse. Mort en Syrie en 1057 (N.D.T.).

n'interfère pas avec celle d'autrui. S'il y a interférence, sa liberté est alors restreinte par des lois constitutionnelles.

L'individu libre au second niveau est celui qui pense comme il le souhaite, exprime ce qu'il pense et agit en accord avec ses paroles, tout en n'occasionnant à autrui que du bien. Le degré le plus bas du premier niveau de liberté est l'équité tandis que celui du second est le pardon. L'individu libre à ce second niveau n'entretient aucune malveillance, même dans sa conscience intime, car il sait que tout méfait, avant de se concrétiser dans les faits, germe d'abord dans la conscience. C'est à ce groupe d'individus auquel s'adresse le Coran dans le verset suivant : «*Ne fuyez pas seulement l'apparent du péché, mais ce qu'il a d'interne. Qui s'acquiert le péché sera rétribué selon ce qu'il aura commis*» (VI, 120). Egalement : «*Dis : 'Mon Seigneur interdit seulement la turpitude, ce qui est en elle ou patent ou clandestin'*» (VII, 33). Et encore : «*Que vous publiiez ce que vous avez en l'âme ou que vous le celiez, Dieu va le prendre en compte*» (II, 284).

Quant à l'autre catégorie, celle des individus disposant d'une liberté restreinte, c'est à elle que se réfère ce ḥadîth : «*Dieu pardonne à ma communauté les intentions malsaines tant qu'elles ne sont exprimées ni en parole ni en acte*».

Les deux niveaux de liberté sont interférents : le premier est un stade préparatoire au second. L'individu n'atteint le second niveau que grâce à l'observation, la prise en compte et l'éducation morale de soi, se disciplinant constamment vers la perfection et les bonnes actions. L'observation de soi suppose d'être conscient de l'omniprésence de Dieu, si bien que les sens évitent d'agir, en pensée, en parole ou en acte, d'une manière qui Lui déplaise. Se prendre en compte suppose une attention rigoureuse, au cas où quelque malveillance se manifesterait. Comme la liberté individuelle parfaite ne s'acquiert qu'au prix de son bon usage, l'Islam a adapté son culte et ses législations de manière à rendre un tel prix accessible à tout individu.

2. La *sharî'a* au service de la liberté individuelle parfaite

La partie de la *sharî'a* régissant le culte (*al-'ibâdât*), ou les obligations envers Dieu, est composée d'un ensemble de lois exclusivement individuelles, car elles relèvent du domaine de la conscience. Il en est ainsi même si certaines pratiques cultuelles sont accomplies en groupe. En fait, toute activité en Islam, qu'elle relève des *'ibâdât* (le cultuel) ou des *mu'âmalât*, les obligations envers les gens, accentue essentiellement la conscience individuelle. C'est ce que souligne le *ḥadîth* : «*L'intention compte plus que l'acte*».

Le rapport qui unit l'intention à l'acte est similaire à celui qui unit l'âme au corps : lorsque l'âme quitte le corps, ce dernier se désintègre, se décompose et retourne à l'état de poussière. Le verset suivant fait subtilement allusion à ce phénomène : «*Nous nous penchons sur ce qu'ils ont pu agir d'actions, et Nous en faisons poussière dansante*» (XXV, 23). Cela signifie que lorsqu'un acte est accompli sans âme ou, en d'autres mots, sans être promu par de bonnes intentions en faveur de Dieu, il est inutile et donc n'est pas pris en compte.

Le péché prend départ d'une idée qui semble fortuite mais qui est au fond suggérée par des propos chuchotés dans le secret de la conscience. Ainsi, si la conscience renferme le péché, de mauvaises pensées peuvent y éclore, qui ne tarderont pas à prévaloir sur l'individu, entraînant leur expression dans le discours. Ensuite, ce discours malveillant invitera rapidement l'individu à un degré où ses paroles se manifesteront en actes, devenus donc tout aussi répréhensibles. Si l'individu pense de manière malveillante dans sa conscience occulte, exprime le mal et que son comportement se meut vers le mal, il doit alors être déchu de sa liberté. Mais cette déchéance par privation doit se faire dans l'intérêt même de l'individu d'abord, et dans celui de la collectivité ensuite. Cet individu doit bénéficier d'une éducation et d'une discipline qui lui permettront de racheter sa liberté et qui également le rendront apte à exercer celle-ci comme il se doit.

La législation, quelle soit relationnelle ou cultuelle, est une vraie discipline, une méthode éducative apte à faire évoluer les collectivités et les individus de la rusticité et de l'hostilité vers le raffinement et l'humanité. Plus les individus sont rudimentaires et insensibles, plus contraignantes seront leurs lois et plus ils seront privés et contraints. Ainsi, si les individus remplissent leurs devoirs comme il se doit, ils ne souffriront pas de la contrainte ni dans cette vie ni dans l'autre. Dieu n'a-t-Il pas dit : «*Qu'aurait à faire Dieu de vous châtier si vous lui vouez croyance et reconnaissance ? Dieu est Reconnaissant, Connaissant*» (IV, 147). Mais, c'est la défaillance des individus en matière d'éducation, de socialisation et de discipline qui a nécessité les interdictions et les devoirs absolus prescrit par Dieu. Ceux-ci sont donc entièrement déterminés par ce besoin fondamental.

Nous avons longuement parlé de la nécessité des restrictions strictes qui ont pesé sur les individus des premières sociétés. Aujourd'hui, à l'époque des religions monothéistes, les mêmes exigences se retrouvent immanquablement. Le Coran dit à propos des restrictions imposées aux Juifs : «*... donc à raison d'une iniquité imputable aux tenants du Judaïsme, nous leur interdîmes des choses bonnes, qui leur étaient licites ; et ce fut aussi à raison des obstacles que souvent ils élèvent sur le chemin de Dieu et de ce qu'ils prélèvent l'usure, bien qu'elle leur ait été interdite, et qu'ils mangent à mauvais escient le bien d'autrui, et que Nous ménageons aux dénégateurs un châtiment de douleur...*» (IV, 160-161).

Le Coran dit également : «*lors Moïse dit à son peuple : 'O mon peuple, vous fûtes iniques envers vous-mêmes d'adopter le veau. Alors, repentez-vous envers votre Créateur ! alors, donnez-vous la mort ! cela vaudrait mieux pour vous auprès de votre Créateur. Et pourtant, Il s'est repenti à votre endroit. Il est l'Enclin-au-repentir, le Miséricordieux'*» (II, 54).

C'est donc de par son caractère rudimentaire et son insensibilité que ce peuple a souffert et que des bienfaits lui furent néanmoins défendus. Les Juifs furent conviés au suicide en repentir, une illustration du principe mentionné plus haut :

l'usage du sacrifice humain comme rituel religieux au début de la vie humaine sur terre.

Comme l'être humain se développait quelque peu, une telle méthode stricte d'éducation ne lui était plus nécessaire. Alors, la loi de la sharî'a pour la communauté de Mohammad exigea ce qui suit : «*Dis : 'Je ne trouve pas dans ce qui m'est révélé d'interdiction à un mangeur de manger, sauf si c'était de la charogne, du sang répandu, de la viande de porc, car c'est souillure, ou encore l'infamie dont est fait oblation à un autre que Dieu. Qui cependant y est contraint, sans impudence, non plus qu'outrance... ton Seigneur est Tout pardon, Miséricordieux'*» (VI, 145).

Le Coran dit également à propos de la communauté de Mohammad : «*Vous qui croyez, ne mangez pas mutuellement votre bien par esprit de fausseté, mais qu'il y ait seulement entre vous négoce consenti. Ne vous entretuez pas ! Dieu vous soit Miséricordieux !*» (IV, 29).

Le domaine de l'interdiction fut donc réduit, dans les législations subséquentes, à quatre éléments, tous infâmes. Mais même alors, ces interdits sont permis en cas d'absolue nécessité, pour autant que l'individu ne soit pas volontairement désobéissant ou ne transgresse pas des limites raisonnables.

Lorsque l'individu devint réceptif à un moindre degré de violence, Dieu interdit le suicide et dit alors : «*Ne vous entretuez pas ! Dieu vous soit Miséricordieux !*». Dieu est indulgent envers nous dans Sa sharî'a (loi divine) parce que nous sommes, nous aussi, devenus indulgents envers nous-mêmes. N'est-ce pas la sagesse qui déclare : «*Vous serez jugés comme vous jugez autrui*» ?

Au fur et à mesure que le genre humain se raffinait, les interdictions et restrictions devinrent plus indulgentes, jusqu'à ce que l'aspect matériel de l'interdiction soit finalement gommé et étendu aux aspects moraux du comportement. Le Coran dit : «*Dis : 'Qui donc a interdit la parure de Dieu, qu'Il a mise au jour pour Ses adorateurs, ou les choses bonnes d'entre Ses attributions ?'. Dis : 'Elles appartiennent aux croyants dans la vie d'ici-bas ; elles seront purifiées au Jour de la résurrection'.*

Ainsi explicitons-Nous Nos signes, pour un peuple capable de savoir. Dis : 'Mon Seigneur interdit seulement la turpitude, ce qui est en elle ou patent ou clandestin, le péché, l'insolence à contre-vérité, et qu'à Dieu vous associiez cela sur quoi Il ne fait descendre aucune justification, et qu'à Dieu vous imputiez ce que vous ne savez point'» (VII, 31-33).

Le Coran dit également : «*en revanche, pourquoi vous abstenir de viandes sur lesquelles aura été prononcé Son nom, puisqu'à votre intention Il a détaillé ce qu'Il vous interdit sauf en cas de nécessité. Assurément beaucoup s'égarent du fait de leurs passions, sans la moindre science. Ton Seigneur connaît mieux que personne les transgresseurs. Ne fuyez pas seulement l'apparent du péché, mais ce qu'il a d'interne. Qui s'acquiert le péché sera rétribué selon ce qu'il aura commis*» (VI, 199-120).

L'interdiction porte donc, en dernière analyse, sur des fautes de comportement et des déficiences morales. L'interdiction matérielle n'est qu'un moyen de guérir l'âme de ces fautes, conformément au verset suivant : «*Nous leur ferons voir Nos signes sur les horizons et dans leur âme, jusqu'à faire éclater (à leur yeux) que c'est bien là le Vrai. Or ne suffirait-il pas que Dieu soit présent à toute chose ?*» (XLI, 53).

Les interdictions procèdent ainsi des formes matérielles inférieures vers les types plus subtils de comportement moral, et ensuite vers les intentions occultes, là où germent les pensées maléfiques. La double injonction qui recommande d'éviter les péchés manifestes ainsi que les péchés secrets, revient à établir l'effort portant sur les premiers comme le moyen de déjouer les seconds. Elle somme de prévenir les péchés manifestes afin d'être capable d'empêcher ceux qui demeurent secrets et qui sont à l'origine du mal. Le Coran pourchasse le péché dans les profondeurs des intentions lorsqu'il dit : «*Que vous publiiez ce que vous avez en l'âme ou que vous le celiez, Dieu va le prendre en compte*» (II, 284) et «*leurs faces se soumettront au Vivant, à l'Agent Suprême. Confondu sera tout porteur d'iniquité*» (XX, 111). L'iniquité est ici synonyme de polythéisme subtil, source du mal en tout genre et de toute forme, situé dans la conscience cachée. Un genre encore plus subtil de polythéisme se trouve dans ce que les Soufis, les mystiques de l'Islam, appellent «le secret de la conscience» (*sirr as-sirr*). Le Coran y fait également allusion : «*(Dieu) qui, si tu publies la parole, sait l'arcane et ce qui est encore plus caché*» (XX, 7). Ce qui est encore plus caché que la conscience (*sirr*), c'est le secret de celle-ci (*sirr as-sirr*).

Pour guérir l'âme de ses péchés, le Coran procède d'abord d'une démarche exogène, allant de l'extérieur vers l'intérieur, c'est-à-dire du comportement de l'individu vers sa conscience. C'est à cela que se réfère la première partie du verset 53 de la sourate XLI : «*Nous leur ferons voir Nos signes sur les horizons et dans leur âme, jusqu'à faire éclater (à leur yeux) que c'est bien là le Vrai*». Cette démarche exogène s'effectue nécessairement par étapes et exige de la part de l'itinérant sur la voie de Dieu (*as-sâlik*) détermination et patience. Mais lorsque ce premier pas aboutit, au-delà du contrôle du corps et du langage, à l'apaisement des pensées confuses, il est alors à même d'approfondir la démarche jusqu'aux intentions les plus secrètes afin de les débarrasser des instigations sournoises qui les troublent.

Et c'est seulement à ce stade avancé que la démarche pourra se poursuivre en sens inverse, devenant donc endogène, c'est-à-dire procédant dorénavant de l'intérieur vers l'extérieur.

À ce moment, la suite du verset cité plus haut révèle toute son ampleur : «*Or ne suffirait-il pas que Dieu soit présent à toute chose ?*». L'itinérant sur la voie de Dieu est dès lors concerné par son âme profonde, après s'être d'abord préoccupé et focalisé sur le monde extérieur. C'est également le moment où l'harmonie entre la conscience et le comportement est atteinte et où la pureté des intentions se manifeste dans la droiture du comportement. L'individu qui a atteint ce stade est au seuil de la liberté individuelle parfaite. Plus les intentions sont pures, plus le comportement est droit, ce qui conduit par ailleurs à la réduction du domaine des interdictions et à l'accroissement de celui des permissions, en accord avec le verset 147 de la sourate IV déjà cité : «*Qu'aurait à faire Dieu de vous châtier si vous Lui vouez croyance et reconnaissance ?*».

Enfin, lorsque l'itinérant spirituel arrive à atteindre le but désiré, c'est-à-dire la pureté totale de la conscience et la droiture complète du comportement, toutes les substances comestibles lui deviennent permises, telles qu'elles le sont à l'origine. Cela coïncide parfaitement avec le précieux verset qui affirme : «*À ceux qui croient, effectuent l'œuvre salutaire, nulle faute n'est imputable en matière d'alimentation tant qu'ils se prémunissent et croient, effectuent l'œuvre salutaire, et derechef se prémunissent et croient, et de derechef se prémunissent et bellement agissent. Dieu aime les bel-agissants*» (V, 93).

Bien sûr, il est question ici d'un rang très avancé de liberté individuelle parfaite. Cependant, l'Islam a adapté l'ensemble de sa législation de façon à en permettre l'accès à tous les individus. Cette adaptation est démontrée par l'assise de la législation dans tous ses aspects sur le principe de la rétribution, autrement dit *al-qiṣâṣ* (le talion). Le Coran dit : «*Dans l'exercice du talion, vous pouvez gagner une vie, ô dotés de raison ! Peut-être allez-vous vous prémunir...*» (II, 179). Le Coran dit également : «*Il ne tient pas à vos espoirs, non plus qu'à ceux des Gens du Livre, que celui qui fait le mal en soit rétribué, ni qu'il trouve, en place de Dieu, un protecteur ou secourant*» (IV, 123). Et aussi : «*que Dieu récompense les véridiques de leur esprit de vérité, qu'Il châtie les hypocrites, s'Il le veut, à moins qu'en leur faveur Il ne se repente —Il est Tout indulgence, Miséricordieux*» (XXXIII, 24). Enfin, «*qui aura fait un atome de bien le verra, qui aura fait un atome de mal le verra*» (XCIX, 7-8).

Toute sanction et toute récompense, dans ce monde comme dans l'autre, découlent de ces deux derniers versets. Ils constituent ainsi le pivot à la fois de la sharî'a, le système légal fondé sur la révélation, et de la *ḥaqîqa*, la vérité[1].

Le Coran nous dit également : «*... afin qu'Il questionnât les véridiques sur leur esprit de vérité, tandis qu'Il ménage aux dénégateurs un châtiment douloureux*» (XXXIII, 8). Lorsque

1. C'est-à-dire la vérité spirituelle permanente (N.D.T.).

l'illustre fondateur soufi, Abû al-Qasim al-Junayd[1], fut questionné au sujet de ce verset, il dit : «*Ceux qui sont véridiques envers eux-mêmes seront questionnés sur leur véracité envers Dieu*». La véracité de Dieu est absolue, alors que celle des humains n'est que relative. Chaque personne véridique sera donc rétribuée selon sa propre véracité au regard de la véracité absolue, conformément au verset suivant : «*que Dieu récompense les véridiques de leur esprit de vérité*» (XXXIII, 24). Cette récompense est rétribution (*qiṣâṣ*) au niveau de la s̲harî'a ainsi qu'au niveau de la vérité (*ḥaqîqa*), comme l'indique le verset suivant : «*Dans l'exercice du talion, vous pouvez gagner une vie, ô dotés de raison ! Peut-être allez-vous vous prémunir...*» (II, 179). Gagner une vie signifie ici acquérir davantage de connaissance. En d'autres mots, dès que s'applique la règle selon laquelle une bonne action reçoit dix fois plus de bien en récompense, ou encore est décuplée, et qu'inversement, une mauvaise action est punie proportionnellement au mal commis, l'attributaire croît en connaissance grâce à l'amélioration conséquente de sa compréhension, de la clarté de son esprit et de la complétude de son cœur.

Ce regain de connaissance résultant de la rétribution dans la s̲harî'a est évident car un individu, dans l'exercice de sa propre liberté, n'empiète sur les libertés d'autrui que par ignorance, idiotie ou insensibilité. Ainsi, par exemple, quiconque ayant crevé l'œil d'un tiers sous l'emprise de la colère, se serait réfréné s'il avait pleinement réalisé le degré de souffrance et l'ampleur de l'atteinte infligées à sa victime. S'il est rétribué selon la loi du talion et que son œil est crevé en compensation (*mu'âwada*) de son acte, alors deux objectifs auront été atteint simultanément. D'abord, l'intérêt de la collectivité est préservé : l'offenseur lui-même ainsi que d'autres offenseurs potentiels sont dissuadés grâce à l'exemple. Ensuite, en subissant la même souffrance qu'il a infligée à autrui, l'offenseur approfondit sa sensibilité et réalise donc la sévérité de la souffrance et l'ampleur des dégâts qu'il a occasionnés. Inévitablement, une telle expérience douloureuse

1. Mort en 910 (N.D.T.).

rendra celui qui y est exposé plus humain à l'avenir : il ne négligera plus désormais les conséquences de ses actes envers autrui. Dorénavant, cet individu s'abstiendra tout au moins de nuire à ses semblables et en tiendra compte davantage dans chacun de ses actes. Grâce au culte, l'individu ainsi éclairé souhaitera faire du bien aux autres et y trouvera satisfaction et tranquillité. S'il atteint ce stade, il se trouve alors au seuil de sa propre liberté parfaite, résultant d'un degré plus élevé de conscience et d'une sensibilité plus profonde grâce à la compensation.

Si l'individu n'atteint pas ce stade, il suffit alors qu'il soit tout au moins conscient des limites de sa liberté par rapport à celle des autres. Cette prise de conscience ne pourra être que bénéfique.

La compensation (*al-mu'âwada*) en cas de fornication entraîne, selon le cas, une peine fixe de lapidation ou de flagellation. Puisque le fornicateur a cherché le plaisir sans tenir compte de la *sharî'a*, il doit souffrir pour retrouver ses sens. L'individu penche, en général, davantage vers le plaisir que vers la douleur. En imposant la douleur au moi, quand il succombe aux plaisirs interdits, un certain équilibre est rétabli et la frivolité et l'insouciance sont conjurées.

La punition fixe en cas d'ivresse est fondée sur le même principe. Une personne qui s'adonne à la boisson espère engourdir son esprit et, par-là, se dérober à la réalité. La douleur des coups de fouet entend ramener cet individu face à la réalité plus amère, afin qu'il puisse utiliser son esprit enfin clair à l'amélioration de cette réalité. La réalité ne peut être transformée par la dérobade mais plutôt par l'affrontement et l'exercice de notre intelligence. Le Coran dit : «*Dieu ne modifie pas l'état d'un peuple, qu'ils ne l'aient modifié de leur propre chef*» (XIII, 11).

En outre, l'esprit qui est l'unique avantage qui donne à l'homme sa supériorité sur l'animal, est, depuis la nuit des temps et à travers le dur périple de la vie, le fruit de la souffrance fécondée par le plaisir. Ainsi, lorsqu'il arrive à un individu, dans un moment de faiblesse, d'outrepasser les bornes de la raison, un choc douloureux peut l'aider à reprendre ses esprits et permettre à la raison de continuer à le guider.

La loi de la compensation (*al-mu'âwada*) et de la rétribution (*al-qiṣâṣ*) provient d'une source bien ancrée dans l'origine de la vie. Elle n'est pas une loi religieuse au sens courant du terme. Lorsque nous affirmons que les lois de l'Islam se fondent sur le principe de la rétribution, nous faisons référence à l'essence et non au dogme de l'Islam. Car l'Islam dans sa vérité n'est pas une simple religion parmi d'autres, mais plutôt une science. Son dogme n'est qu'une étape de transition vers son stade scientifique. La *sharî'a* n'y est également qu'une transition vers la vérité (*ḥaqîqa*). Au terme de cette transition, la *sharî'a* collective cédera la place aux multiples *sharî'a*-s individuelles. Celles-ci constituent le lieu commun de toutes les vérités des individus qui en ont une.

Le Coran dit : «*L'homme n'a-t-il pas subi une période de temps où il n'était rien qui pût dénoter ? Oui, c'est Nous qui avons créé l'homme d'une combinaison de liquides, afin de l'éprouver, ce pour quoi Nous le dotâmes de l'ouïe et de la vue*» (LXXVI, 1-2). Ainsi donc, il fut un temps où le genre humain goûta aux niveaux les plus bas du développement de la vie, avant l'émergence de son esprit développé, qui est le fondement de la responsabilité, par laquelle l'homme devint «quelque chose qui pût dénoter». D'une «combinaison de liquides» donc, la vie émergea dans la pénombre du temps. L'expression «l'éprouver» est l'essence du verset entier car elle fait référence à la lutte de l'homme avec son environnement naturel et ses semblables. Nous nous sommes déjà attardés sur certains des aspects du développement de la société humaine. Les luttes précédant et suivant l'émergence de la société humaine ont été, et sont toujours, menées conformément à la loi de la compensation et de la rétribution.

Le passage «ce pour quoi Nous lui dotâmes de l'ouïe et de la vue» fait référence à l'esprit (*al-'aql*), indiquant que celui-ci est né d'une lutte, gouvernée par la loi de la compensation qui découle des verset 7 et 8 de la sourate XCIX : «*Qui aura fait un atome de bien le verra, qui aura fait un atome de mal le verra*».

À la suite des deux versets de la sourate LXXVI cités ci-dessus, nous trouvons le verset suivant : «*Nous qui le guidâmes au chemin, que l'homme dût se montrer reconnaissant ou dénégateur*» (LXXVI, 3). Le terme «reconnaissant» signifie ici «équitable» alors que le terme «dénégateur» signifie «fautif». Ainsi, l'esprit oscille, comme le pendule, entre le bien et le mal, ce qui est le fondement même de sa perfection. Comme disait le prophète : «*Si vous persistez à commettre des fautes sans les regretter, Dieu vous substituera un autre peuple que vous qui commettra des fautes mais qui les regrettera afin de mériter Son pardon*».

Le principe de la compensation (*al-mu ʿâwada*) comporte deux niveaux : celui de la vérité (*ḥaqîqa*) et celui de la loi (*sharî ʿa*), ces deux niveaux étant différents en degré et non en nature. La loi de la compensation au niveau de la vérité se base sur le verset suivant : «*Qui aura fait un atome de bien le verra, qui aura fait un atome de mal le verra*» (XCIX, 7-8), alors qu'au niveau de la *sharî ʿa*, elle se base sur le verset : «*Nous leur avons prescrit : âme pour âme, œil pour œil, nez pour nez, oreille pour oreille, dent pour dent ; compensation pour les blessures ; quiconque à titre d'aumône (renoncerait à la compensation) cela voudrait pour lui expiation...*» (V, 45).

La compensation au niveau de la vérité s'identifie avec la volonté par laquelle Dieu a façonné les mondes, les a amenés à l'existence et les a acheminés vers la perfection. Elle s'identifie également avec le Vrai (*al-ḥaqq*) souvent mentionné par le Coran : «*Nous n'avons créé le ciel ni la terre ni leur entre-deux que dans le Vrai, pour un terme fixé. Cependant, les dénégateurs se dérobent à l'alarme qui leur est donnée*» (XLVI, 3) ; «*Il a créé les cieux et la terre dans le Vrai, Lui tellement au-dessus de ce qu'on Lui associe !*» (XVI, 3) ; «*Nous n'avons pas créé le ciel, la terre, ni leur entre-deux par jeu. Nous ne les avons créés que dans le Vrai. Mais la plupart d'entre eux ne le savent pas...*» (XLIV, 38-39). Le Vrai est donc ce principe de rétribution (*al-qiṣâṣ*) qui se reflète avec une précision parfaite dans le verset : «*Qui aura fait un atome de bien le verra, qui aura fait un atome de mal le verra*» (XCIX, 7-8).

Le sens de l'expression «par jeu» du verset précédent se retrouve dans deux autres versets : «*Pensiez-vous que nous vous ayons créés en pure gratuité, et que de vous-mêmes il ne Nous fût pas fait retour ? Exalté soit Dieu, le roi de la Vérité. Il n'est dieu que Lui, le Maître du Trône généreux*» (XXIII, 115-116). Cela signifie que les mondes doivent retourner à Dieu sous l'effet de la loi de la compensation. «*Il ne tient pas à vos espoirs, non plus qu'à ceux des Gens du Livre, que celui qui fait le mal en soit rétribué, ni qu'il trouve, en place de Dieu, un protecteur ou secourant*» (IV, 123).

La loi de la compensation au niveau de la *sharîʿa* est l'imitation précise de la loi de la compensation au niveau de la vérité (*ḥaqîqa*) et est censée la côtoyer de près. Mais dans ses exaltations supérieures, la loi au niveau de la vérité est infiniment plus subtile et plus précise que celle de la *sharîʿa*.

La loi de la compensation au niveau de la vérité (*ḥaqîqa*) s'articule sur trois plans, comme cela apparaît dans le verset suivant : «*Dieu ordonne la justice* (al-ʿadl), *le bel-agir* (al-'iḥsân), *la libéralité envers les proches*» (XVI, 90). La «justice» est la rétribution au niveau de la loi du talion, alors que le «bel-agir» relève du pardon pour l'offenseur selon le verset mentionné plus haut : «*quiconque à titre d'aumône (renoncerait à la compensation) cela voudrait pour lui expiation...*». La «libéralité envers les proches» s'applique à autrui au sens large, englobant tout le genre humain. Ces trois niveaux sont exprimés dans le verset suivant : «*La rétribution d'une action mauvaise l'égalera en mauvaiseté. Toutefois, indulgence, conciliation : à Dieu en incombe le salaire. Dieu n'aime pas les iniques*» (XLII, 40). L'expression «la rétribution d'une mauvaise action l'égalera en mauvaiseté» est le niveau de la justice au degré de la rétribution, mais il est décrit comme regrettable dans le but de décourager le recours à la rétribution dès que cela est possible : «*Mais patienter, pardonner, c'est vraiment un principe de rigueur*» (XLII, 43). Quant à l'expression «quiconque à titre d'aumône (renoncerait à la compensation)», c'est le niveau du bel-agir qui laisse le malveillant impuni, ce qui surpasse la justice. La «conciliation» signifie la compassion vis-à-vis de l'offenseur ainsi que gentillesse, tendresse et amour envers lui. Ceci représente le sommet de la conciliation et de la réhabilitation, et est le degré le plus élevé de la loi de la compensation dans la *sharîʿa*.

Si la loi de la compensation au niveau de la vérité (*ḥaqîqa*) est destinée à diriger les mondes vers Dieu par la voie du corps, c'est-à-dire par la contrainte, par contre, la loi de la compensation au niveau de la *sharîʿa* est destinée à diriger les êtres humains vers Dieu par la voie de la raison, c'est-à-dire par la liberté, révélant ainsi toute la dignité dont l'homme est l'objet. C'est dans ce contexte qu'il nous faut maintenant aborder le rapport qui unit l'homme à l'univers en Islam.

3. L'individu et l'univers en Islam

Depuis l'aube de l'humanité jusqu'à nos jours, la place qu'occupe l'homme au sein de l'univers a toujours été un objet privilégié d'enseignement et de savoir. Dans sa tentative de découvrir la véritable nature de son rapport à l'univers, l'homme s'est dès le départ assuré l'aide de la religion et de la science, ces sœurs jumelles qui ont progressé main dans la main à travers l'histoire, depuis leur naissance.

La connaissance scientifique de l'homme primitif était extrêmement limitée, ce qui augmenta sa disposition à la croyance religieuse. Il vénérait tous les phénomènes physiques au sein de son environnement naturel ainsi que les éléments métaphysiques, révélés au gré de ses rêves et de ses illusions. Son domaine de connaissance scientifique se limitait à peu d'éléments, tellement familiers qu'ils ne suscitaient plus sa curiosité.

L'homme primitif pressentait que chaque chose dans l'univers possédait un esprit et ses rêves venaient lui confirmer ce sentiment. Il commença dès lors à prier pour tout, pour la chasse, la semence, la récolte, pour sa nourriture et ses armes. Mais graduellement, la familiarité et l'expérience atténuèrent la peur et la vénération attachées aux choses que l'homme apprenait avec le temps à contrôler. En conséquence, au fur et à mesure que sa connaissance des phénomènes naturels augmentait, sa croyance religieuse diminuait. Ce processus culmine aujourd'hui dans l'affirmation avancée par certains désabusés de la science selon lesquels il n'y a plus de place désormais pour la religion dans la vie de l'homme civilisé. L'origine de cette hérésie scientifique n'est cependant pas la science elle-même, elle provient de certains scientifiques abusés qui ont échoué à appréhender le propre rôle à la fois de la science et de la religion.

La science n'a jamais prétendu rendre compte de l'essence des choses, mais simplement de leurs aspects et des lois qui gouvernent leurs comportements. La science connaît, par exemple, les propriétés de l'électricité mais non l'essence de celle-ci. En outre, la science elle-même admet que la matière, telle que nous la connaissons, est une simple manifestation de quelque chose qui nous reste inconnu. Einstein affirmait que la matière et l'énergie sont un seul et même phénomène et les expériences de fission de l'atome ont confirmé son hypothèse. L'essence de l'énergie est inconnue, bien que certaines des lois gouvernant son comportement le sont. À cet égard, l'homme primitif fut plus sage que nous le sommes aujourd'hui, car il voyait, ou savait même, que toute chose au sein de l'univers possédait une âme.

Maintenant que l'existence vient de boucler un cycle complet et qu'elle est sur le point d'en entamer un nouveau, l'humanité est en train de redécouvrir cette même idée qui remonte à la nuit des temps. L'histoire se répète, dirait-on. Certes, mais cette répétition, comme nous l'avons déjà dit au début de cet ouvrage, sera à la fois semblable au passé par certains aspects et dissemblable par certains autres.

Le point de similitude sera, pour notre propos, la prise de conscience que l'univers est d'essence spirituelle bien que matériel d'aspect. Le point de dissemblance sera par contre la qualité de cette prise de conscience. Loin d'être occasionnée comme jadis par l'ignorance et la naïveté, c'est l'intelligence qui l'incitera cette fois et elle se produira de manière si subtile que la religion en profitera également pour accéder à son stade scientifique.

C'est alors que la religion renaîtra, dotée cette fois d'une ligne de conduite intégrale pour la vie et d'une approche universelle pour l'existence, embrassant l'ensemble des activités de l'homme. Elle interpellera la raison avec égard et cherchera à la convaincre de l'utilité de l'adoption d'une démarche religieuse pour la vie quotidienne, ici-bas comme dans la vie future.

C'est ainsi que les initiés accréditent ceux parmi eux au rang de *'arbâb al-qulûb* (les gens au cœur fin) qui ont pu déceler cette invocation répétée par les phénomènes matériels : «*Nous ne sommes qu'une tentation et une épreuve. Gardez-vous de la dénégation ! Votre objectif est bien loin devant vous. Ne vous attardez pas à nos côtés !*».

Il est grand temps que l'homme comprenne que l'environnement au sein duquel il vit est un environnement d'essence spirituelle aux manifestations matérielles. Cette conclusion, prouvée par les récents développements de la science moderne, confronte l'homme à un défi décisif, celui de se réconcilier avec l'environnement comme condition indispensable à la continuité de la vie.

L'homme n'exprime aucun dessein lorsqu'il vient au monde, ni lorsqu'il le quitte. À ce sujet, Dieu nous dit : «*Oui, Nous avons créé l'homme d'une quintessence d'argile puis Nous en fîmes une goutte de liquide, déposé en réceptacle sûr, puis ce peu de liquide, Nous le créâmes adhérence, et créâmes l'adhérence mâchure, et créâmes la mâchure ossature, et revêtîmes l'ossature de chair, après quoi Nous le promûmes d'une autre création... Béni soit Dieu, le plus beau des créateurs... et puis après vous êtes des morts et puis au jour de la résurrection vous êtes ressuscités*» (XXIII, 12-16).

Cette image coranique illustre notre place dans l'univers, où nous sommes modelés tels de la matière inerte. Nous ne nous élèverons au-delà de celle-ci qu'à la condition d'appréhender intégralement ce fait et de nous y soumettre volontairement et consciemment.

Dieu nous a doté du potentiel nécessaire pour acquérir cette compréhension. Il fait référence à ce potentiel dans le verset cité plus haut lorsqu'Il dit : «après quoi Nous le promûmes d'une autre création». Ailleurs dans le Coran, cette signification apparaît encore plus clairement : «*Lors ton Seigneur dit aux anges : 'Je suis en train de créer un humain d'une argile de boue croupie, quand Je l'aurai rendu complet, lui aurai insufflé de Mon Esprit, tombez devant lui prosternés'*» (XV, 28-29). Cette autre création émane donc de l'Esprit de Dieu insufflé en elle.

4. La volonté

L'Esprit de Dieu qui fut insufflé à l'homme est la volonté. La volonté est un attribut médian qui se situe en dessous de la connaissance mais au-dessus de la puissance. Dieu créa l'univers par la connaissance, la volonté et la puissance. L'homme lui-même crée ses actes par les mêmes attributs. La créature est donc modelée à l'image de son Créateur. C'est ce qu'insinue le *ḥadīṯẖ* : «*Dieu créa Adam à Sa propre image*».

La volonté appartient foncièrement à Dieu alors que l'humain ne la détient qu'en dépôt (*'amâna*). Le Coran fait bien référence à ce dépôt lorsqu'il dit : «*Nous proposâmes le dépôt aux cieux, à la terre et aux monts : ils déclinèrent de s'en charger, tant ils en éprouvaient de transe. L'homme, lui, s'en est chargé... Par comble d'ignorance et d'iniquité*» (XXXII, 72). L'homme est «inique» de réclamer pour lui-même quelque chose qui appartient à autrui et «ignorant» de sa propre valeur quand il croit posséder une volonté indépendante. Ainsi, par mégarde à l'égard de cette subtilité, l'homme s'est trouvé induit dans l'iniquité et l'ignorance.

D'où la méconnaissance de la volonté de Dieu qui mania diverses glaises, des liquides et de la matière inerte d'une manière directe et contraignante : «*Dis : 'Comment pouvez-vous dénier Celui qui a créé la terre en deux jours, et Lui supposer des égaux ? Il est le Seigneur des univers'. (La terre) Il y posa d'en haut des ancrages, y mit la bénédiction, en proportionna les nourritures : juste en quatre jours, pour qui interroge et puis Il fit face droit au ciel, qui n'était que fumée, et lui dit, ainsi qu'à la terre : 'Venez bon gré mal gré'. Tous deux répondirent : 'Nous venons, obéissants'. Il institua sept cieux en deux jours, et pour chaque ciel en inscrivit l'ordonnance : 'Nous avons paré le ciel inférieur de lustres, et c'était aussi pour la sauvegarde' – Tout fut ainsi mesuré par le Tout-Puissant, le Connaissant*» (XLI, 9-12).

C'est l'environnement de la vie. Il fut ainsi créé en premier lieu comme condition préalable à la vie elle-même. En créant celle-ci, Dieu y confia la «volonté de vivre». Il s'agit d'une force animée par l'attachement à la vie et gouvernée par la recherche du plaisir et le rejet de la douleur.

La prédestination de la vie, à ce stade végétal et animal, fut quasi directe à travers le voile de la volonté de vivre qui, par sa définition, fait référence au mouvement spontané qui y serait déposé. Ce mouvement spontané est utilisé par le vivant pour assurer la subsistance, la préservation de la vie et la continuité de l'espèce.

Lorsque Dieu promut la vie au rang de l'humain, il ajouta à la volonté de vivre un nouvel élément, «la volonté d'être libre», qui diffère du premier en degré seulement et non en essence. Dieu modela donc l'homme à travers la volonté de vivre, et ensuite à travers la volonté d'être libre. Ainsi donc, Il commença à nous modeler indirectement et à être présent dans nos affaires d'une manière tellement subtile et fine que nous fumes abusés par la croyance, ô combien illusoire, en notre propre libre arbitre.

Dans ce contexte, nous pouvons faire référence à certains versets qui illustrent clairement la subtilité de l'intervention de la volonté de Dieu à diriger notre volonté : «*Lors vous étiez sur la pente la plus proche, eux sur la plus lointaine, et les cavaliers en contrebas de vous. Même s'il avait fallu convenir (d'une rencontre), vous auriez manqué au rendez-vous. Mais assurément Dieu tranche d'un destin déjà consommé, en sorte que probante soit la destruction ou la vie de quiconque ce jour-là périrait ou survivrait – Dieu est Entendant, Connaissant. Lors Dieu te les fait voir dans ton rêve en petit nombre. S'Il te les avait fait voir nombreux, sûr que vous auriez molli, vous vous seriez disputés sur la décision à prendre. Dieu vous l'épargna – Il est Connaissant de l'être des poitrines. – lors Il vous les fait voir, lors de la rencontre, peu nombreux à vos yeux, et Il vous amoindrit aux leurs, cela pour que Dieu tranchât d'un destin consommé. – C'est à Dieu que de toute chose il est fait retour*» (VIII, 42-44). Avec quelle subtilité incroyable la volonté divine éternelle intervient pour modeler la volonté humaine éphémère ! Le prophète vit dans son sommeil ses ennemis en petit nombre et se résolut donc à les combattre. Sans quoi, il n'aurait pas décidé le combat. Au moment de la rencontre, les non croyants semblaient en effet peu nombreux et les croyants résolurent de les combattre. Par ailleurs, c'est une simple poignée d'hommes qui apparut aux non croyants, qui eux aussi décidèrent le combat. C'est Dieu qui montra à chaque partie ses ennemis en petit nombre de façon à entraîner un événement prédéterminé. Et ceci, sans contrarier aucunement la volonté d'être libre, sans qu'une quelconque ingérence extérieure, une quelconque directive ou abrogation de liberté ne soit perçue.

Dieu créa l'homme faible, dépourvu de griffes et de canines acérées, afin qu'il dusse compter sur son intelligence plutôt que sur sa force physique. Il prolongea également son enfance afin qu'il dusse dépendre d'autrui au lieu d'être indépendant. Sa faiblesse et sa longue enfance contraignent donc l'homme à vivre en collectivité. Nous avons déjà discuté des débuts des sociétés humaines et de la manière dont elles instaurèrent les coutumes et inhibèrent les pulsions individuelles. La mise à mort était le châtiment infligé à tout individu ayant violé une coutume approuvée par la collectivité. En outre, la colère des dieux pouvait également s'abattre sur lui après sa mort et le torturer davantage. La peur de la colère de la collectivité et de celle des dieux hantait les individus et les poussait à refréner leur manquement à la loi.

Avec l'avènement de la société humaine primitive, deux forces à l'intérieur de la structure humaine devinrent antagonistes : l'ancienne force animale motivée par la volonté de vivre associée à la recherche du plaisir et l'être humain nouveau, motivé par la volonté d'être libre. Alors que la première était orientée vers la satisfaction individuelle, elle était sujette à la condition que l'individu ne déplaise ni à la collectivité ni aux dieux en transgressant les coutumes établies. Un manquement entraînait une souffrance durable dans cette vie et dans l'autre.

Si le plaisir désiré ne pouvait être atteint que par la violation des consignes de la collectivité, qui coïncidaient toujours avec celles des dieux, la volonté d'être libre abandonnait alors cette recherche dans l'espoir de parvenir à un plaisir plus grand encore représenté par la récompense de la collectivité et celle des dieux, plus durables et ô combien supérieures. De cette manière, les valeurs furent introduites dans la vie grâce auxquelles l'individu était désormais prêt à sacrifier le plaisir matériel immédiat, dans l'espoir de récompenses spirituelles immédiates ou futures, telles que l'approbation, la confiance et l'éloge de ses pairs ou l'agrément des dieux et leur récompense octroyée dans cette vie ou dans l'autre.

La société humaine continuait de se développer tandis que ses coutumes et traditions devenaient plus décisives et davantage raffinées. C'est alors que les prophètes annonciateurs de la vérité apparurent et avec eux les concepts du bien et du mal, du licite et de l'illicite, les notions de paradis et d'enfer et la révélation des qualités de Dieu. Les prophètes porteurs de message envoyés plus tard à l'humanité ne vinrent pas annoncer l'existence d'un Créateur, révélée bien avant eux par les prophètes de sagesse. Ils vinrent plutôt pour aider l'humanité à appréhender le Créateur en lui enseignant Ses attributs, Ses qualités et Ses actes.

Les pouvoirs de discernement de l'esprit évoluèrent par l'interaction continue entre la volonté de vivre et la volonté d'être libre. Graduellement, l'esprit échappa aux anciennes peurs semées au cœur de l'homme primitif par les forces insensibles et incontrôlables de son environnement naturel.

Comme nous l'avons dit plus haut, la volonté d'être libre diffère de la volonté de vivre seulement en degré et non en essence. Autrement dit, la volonté d'être libre est la limite la plus raffinée et la plus transparente de la volonté de vivre. Dès lors, la volonté d'être libre représente l'esprit alors que la volonté de vivre représente l'âme. La volonté de vivre est le côté féminin de l'organisme alors que la volonté d'être libre est son côté masculin, l'esprit étant le fruit de l'interaction des deux. Au niveau de cette interaction qui produit l'esprit, la volonté de vivre représente la mémoire alors que la volonté d'être libre représente l'imagination. La mémoire est la somme de toutes les expériences passées. Dans un autre contexte, nous l'appelons l'âme.

Nous avons dit plus haut que la compensation (*al-qiṣâṣ*) est destinée à renforcer le pouvoir d'imagination de quiconque nécessite d'expérimenter ce qu'il a infligé à sa victime. L'imagination est indubitablement synonyme d'intelligence, qui est la faculté de percevoir et de contrôler ou réprimer les désirs égoïstes qui transgressent la loi. En régentant ces désirs égoïstes, l'intelligence est motivée par la peur. Autrement dit, elle agit sous l'impulsion du désir ou de la peur. La force et le pouvoir de discernement de l'intelligence augmentent avec son habilité à contrôler les désirs égoïstes. D'un autre côté, l'âme devient de plus en plus obéissante, ou rebelle, en fonction du caractère juste et tempéré ou impulsif et violent de l'intelligence lorsqu'elle traite ces désirs égoïstes.

L'esprit peut connaître une enfance malheureuse s'il naît au sein d'un foyer divisé, entre deux parents en conflit : une mère lascive et rebelle et un père faible et lâche, enclin à la violence et même à la répression démesurée. Dès lors, l'esprit aussi devient divisé et torturé par un conflit interne ; comme le dit le dicton : «*Un foyer divisé ne dure pas*».

La peur s'est infiltrée dans les profondeurs les plus obscures de l'âme depuis le début de la vie, avant même que l'homme n'entre en scène. Ensuite, commença le long conflit opposant la volonté de vivre et la volonté d'être libre qui accompagna l'avènement de l'homme et perdure jusqu'à nos jours. Suite à ce conflit, certains désirs répréhensibles, qui auparavant s'exprimaient librement, furent inhibés et circonscrits, et donc incarcérés dans les méandres obscurs en marge de l'âme. Tous ces désirs sont originels et la plupart d'entre eux furent enfermés si longtemps dans l'obscurité qu'ils ont fini par perdre la vue et l'habilité à se mouvoir, sans perdre la vie pour autant. Ils attendent simplement l'occasion de se soustraire à une longue captivité.

Aujourd'hui, l'âme humaine est assaillie par d'innombrables défaillances, provenant d'abord, de la peur acquise dès l'aube de sa vie primitive, avant même qu'elle ne fusse devenue humaine et ensuite, des inhibitions accumulées depuis le début de la société humaine jusqu'à nos jours. En outre, l'âme humaine est également contrariée par l'inhibition acquise durant la vie même de l'individu, depuis sa naissance jusqu'à sa mort, car la loi, les coutumes et l'opinion dominante ne cessent de circonscrire les désirs répréhensibles et leur refusent toute expression libre et spontanée.

La peur est à la source de tout refoulement. Ainsi, qu'elle soit primitive, naïve et infondée ou intelligente, équilibrée et fondée, la peur a marqué l'âme humaine de son empreinte indélébile.

Quelle que soit sa forme, la peur est la mère de toute perversion morale et de toute distorsion comportementale. L'homme n'arrivera jamais à parfaire sa masculinité, ni la femme sa féminité, aussi longtemps qu'ils en sont empreints, de quelque façon et à quelque degré que ce soit. La perfection est conditionnée à la libération de l'emprise de la peur.

L'individu ne sera libéré de toutes les formes de peur dont il a héritées que par la connaissance minutieuse de l'environnement dans lequel il a vécu, et continue de vivre, et qui fut la cause première de l'infiltration de la peur dans les profondeurs les plus obscures de son être. La peur est due à l'ignorance et seule la connaissance peut l'éliminer. C'est pourquoi il est impératif que l'individu perçoive, de manière complète et authentique, son rapport à la collectivité et à l'univers au sens large. Ce que visaient nos propos depuis un moment déjà.

5. Prédestination (*al-jabr*) et libre arbitre (*al-'ikhtiyâr*)

La question de la prédestination et du libre arbitre est au cœur du rapport liant l'individu à l'univers. Dans ses développements les plus ultimes, ce problème a de tout temps déconcerté la pensée humaine. Il est temps aujourd'hui de l'aborder de nouveau et que les penseurs lui portent une attention toute particulière. Car la nécessité de comprendre minutieusement cette question ne provient pas d'un luxe intellectuel qui serait sans rapport avec les préoccupations de la vie de tous les jours. Au contraire, elle procède de la nécessité de disposer d'une méthodologie pratique qu'exige la réalisation de la liberté individuelle parfaite, que nous considérons dès maintenant comme la source de la liberté collective à tous les niveaux et sous toutes ses formes, y compris même lors de nos activités domestiques de tous les jours.

La question récurrente est donc de savoir si l'homme est condamné à une destinée prédéterminée (*muṣayyar*) ou s'il a le libre choix face à une destinée qui accepte un certain recours (*mukhayyar*).

Le prophète a réglé cette question à l'entière satisfaction des croyants en disant : «*C'est le destin et le sort qui font du croyant un croyant et du non croyant un non croyant. Les plumes sont sèches et les registres déjà clos*». Lorsque certains de ses compagnons dirent : «*À quoi servent donc nos peines alors, O Messager de Dieu ?*», il répondit : «*Accomplissez ce que vous devez accomplir ; chacun est voué à ce pourquoi il a été créé*». Les compagnons du prophète retournèrent donc à leurs occupations et tinrent à leur foi qui les protégeait et les réconfortait. «[...] *ceux qui auront cru, effectué les œuvres salutaires, Dieu les guide par leur foi même ; de sous eux des ruisseaux coulent dans les jardins du bonheur*» (X, 9).

Les besoins du croyant (*mu'min*) sont satisfaits par la seule foi mais les besoins du musulman (*muslim*) vont plus loin. Ils ont soif de connaissance, ce qui conduit le musulman au seuil de la certitude et de la tranquillité du cœur. Ce fut le cas du prophète Abraham. «*Lors Abraham dit : 'Mon Seigneur, fais-moi voir comme tu ressuscites les morts'. Dieu dit : 'Faute de quoi, tu ne croirais plus ?' Lui : 'Mais si ! Ce n'est que pour tranquilliser mon cœur'. 'Prends quatre oiseaux, dit Dieu, serre-les contre toi. Puis, places-en un tronçon sur chaque colline, et puis appelle-les. Ils te viendront à tire d'aile. Sache que Dieu est Puissant et Sage*» (II, 260).

À la suite de la génération des compagnons du prophète, vinrent leurs successeurs qui n'avaient pas les mêmes facultés offertes en la matière à leurs aînés. Il semblait à une partie d'entre eux, connus sous le nom de *'aṣḥâb ar-ra'y* (les tenants du jugement personnel), que la prédestinée totale et absolue associée au châtiment suite au péché revenait à la situation décrite par le poète :

«Il le jeta dans l'eau lié et enchaîné,
et lui dit pourtant de ne pas se mouiller».

Selon ces «tenants du jugement personnel», la prédestination était franchement injuste et puisque Dieu est bien au-dessus de toute injustice et que le châtiment suite au péché est clairement institué dans la *sharî'a* et dans la religion, l'homme jouit donc d'une marge de libre arbitre qui le soumet à la punition lorsqu'il commet une faute et à la récompense lorsqu'il fait le bien. Ceci était leur conviction, qui les a enlisés dans le polythéisme par la voie même qu'ils tentèrent d'emprunter afin de démontrer le contraire.

Cette errance était étayée par deux facteurs. D'abord, l'évidence et les apparences suggèrent que l'homme dispose d'un certain libre arbitre, comme cela est le cas pour ses mouvements volontaires. En effet, il est en mesure de marcher quand il le veut, de s'asseoir, de se mettre debout, etc., tous ces mouvements étant sous son contrôle et dictés par son libre arbitre. Le sens apparent, exotérique du Coran, ensuite, confirme ce que l'évidence vécue suggère.

Quant à nos amis les Soufis, les mystiques de l'Islam, ils tentèrent au départ de se contenter de suivre l'exemple donné en la matière par les compagnons du prophète. Mais, plus tard, et sous la contrainte des circonstances, une partie d'entre eux dut admettre que l'homme était incontestablement «*muṣayyar*», c'est-à-dire prédestiné dans tous les aspects de son existence, qu'il était tout aussi bien châtié pour les mauvaises actions ou récompensés pour les bonnes et qu'en aucun cas enfin la justice divine ne pouvait être mise en cause puisque Dieu ne peut être comparé à celui qui agit à son gré dans un domaine appartenant à autrui.

D'autres Soufis durent admettre la prédestination totale (*at-taṣyîr al-muṭlaq*), avec néanmoins le châtiment pour les mauvaises actions. La question de l'implication de la justice divine trouva son issue, pour ces partisans, dans le verset qui affirme : «*Lui (Dieu) n'est pas questionné sur ses actes, eux le sont*» (XXI, 23).

Les plus érudits d'entre eux, cependant, reconnurent que la compatibilité entre la prédestination, qui découle naturellement du monothéisme, et la responsabilité de l'homme, d'une part, et la Justice divine, de l'autre, est à rechercher dans la finalité du châtiment. Leur démarche fut riche et variée et largement suffisante aux besoins de leur époque et de celles qui suivirent. Mais, de notre côté, nous la jugeons aujourd'hui bien en-deçà des exigences de la pensée moderne.

6. Prédestination, libre arbitre et Coran

Les «tenants du jugement personnel» fondaient leur position sur le Coran en se référant à certains versets pour appuyer leurs affirmations. À l'antipode de ceux-ci, les Soufis fondaient également leur conception sur le Coran et citaient d'autres versets clairement en accord avec leurs propres assertions. Ce phénomène paradoxal a conduit plusieurs orientalistes spécialistes du Coran à affirmer, d'une manière erronée, que celui-ci se contredisait lui-même, abusant par-là non seulement leur propre personne mais également leurs compatriotes en Occident.

À vrai dire, le Coran a une signification apparente ou exotérique (*ẓâhir*) et une signification cachée ou ésotérique (*bâṭin*). La première a trait à l'apparence des choses alors que la seconde repose sur la vérité au-delà de ces apparences. À la base de sa démarche pédagogique, le Coran utilise les apparences comme passerelle grâce à laquelle l'initié atteint l'intérieur des choses. À cet égard, le Coran dit : «*Nous leur ferons voir Nos signes sur les horizons et dans leur âme, jusqu'à faire éclater (à leurs yeux) que c'est bien là le Vrai. – Or ne suffisait-il pas que Dieu soit présent à toute chose ?*» (XLI, 53).

Dans ce verset, l'apparent (*ẓâhir*) est exprimé par «les signes des horizons», c'est-à-dire le monde des sens. Le caché (*bâṭin*) y est exprimé par «les signes de l'âme». L'esprit (*al-ʿaql*) accède aux signes des horizons par la voie des sens. Ceux-ci sont tous dotés d'une paire d'organes, l'un droit, l'autre gauche. Ils sont semblables mais d'intensité inégale. Ainsi, ce que transmet l'œil droit à l'esprit d'un objet visuel diffère de ce que lui transmet l'œil gauche. Mais la véracité ne réside pas dans une position médiane. C'est l'esprit qui l'établit après un passage au filtre afin de la débarrasser de ce qu'on appelle l'illusion des sens.

Si les esprits sont généralement tributaires des données des sens, les esprits faibles sont particulièrement soumis à leur emprise et ne possèdent guère la capacité de s'y soustraire. Le Coran étant un livre de dogme (*ʿaqîda*), de loi (*sharîʿa*) et de vérité (*ḥaqîqa*), il n'y a d'autre moyen d'atteindre sa vérité que par son dogme d'abord, puis par sa loi ensuite. Et puisque le dogme, pour se propager, ne doit pas choquer tout ce qu'induit l'évidence tangible, le Coran, à l'adresse de la raison, adopte deux contenus : l'un apparent ou exotérique (*ẓâhir*), qui ne contrarie pas les illusions du monde sensuel délivrées par les sens, et l'autre, caché ou ésotérique (*bâṭin*), qui repose sur le Vrai éclatant. La complaisance à l'égard de nos illusions n'est présente que pour nous éviter des peines inutiles et pour nous rapprocher, petit à petit et avec le temps, du Vrai.

Prenons deux exemples, tirés du Coran, l'un sur l'illusion superficielle de nos sens et l'autre sur l'illusion subtile de notre esprit. D'abord, puisque le Coran propageait la foi en Dieu à un peuple qui voyait la terre comme une surface plane, il eut été ardu d'ajouter à cette première difficulté la défense d'une nouvelle conception astronomique en contradiction avec l'évidence observée par l'œil. Les versets qui décrivent la terre ne troublèrent donc pas la croyance de l'audience à ce sujet. Ainsi est-il dit : «*Et le ciel, Nous l'avons bâti en force : quelle n'est pas Notre profusion ! et la terre, Nous l'avons aplanie – O merveille de qui nous a donné ce lit !*» (LI, 47-48) ; «*N'avons-*

Nous pas fait de la terre une couche avec les montagnes pour piliers ?» (LXXVIII, 6-7) ; «*après quoi la terre Il aplanit, en fit sortir son eau, son pâquis*» (LXXIX, 30-31) ; «*Et la terre Nous l'avons étendue, Nous y avons jeté des ancrages, et Nous y faisons pousser de toute chose dans la mesure*» (XV, 19).

Mais, lorsqu'on embrasse la foi et qu'on pratique la sharî'a, on se rend compte que la terre n'est plane que pour la partie observée à l'œil nu. Pourtant, nous ne pouvons découvrir la vérité en écartant ce qui est perçu par l'œil ou en restant prisonniers de l'illusion de nos sens. La démarche raisonnable consiste à utiliser ce que l'œil perçoit comme passerelle vers ce que l'esprit perçoit et celui-ci comme passerelle vers ce que perçoit le cœur, c'est-à-dire le Vrai (*al-ḥaqq*), permettant par là même l'appréhension intermittente de la vérité ultime (*al-ḥaqîqa*).

L'exemple tiré du Coran sur l'illusion de l'esprit est exposé dans les deux versets suivants : «*pour qui d'entre vous veut la rectitude ? –Mais vous ne la voulez qu'autant que le veuille le Seigneur des univers*» (LXXXI, 28-29). Lorsque l'itinérant débutant lit ces versets, de prime abord, il comprend d'après le premier qu'il dispose d'une libre volonté, une liberté de marcher droit devant soi ou de dévier, et il ne comprend du second verset que sa signification apparente. Il tente dès lors au mieux de s'en tenir à la rectitude. Lorsque son expérience mature grâce à ces efforts et cette autodiscipline, il arrive à appréhender avec certitude qu'il ne dispose pas de libre volonté et que c'est à Dieu qu'appartient foncièrement la volonté. Il est alors confronté au second verset : «*Mais vous ne la voulez qu'autant que le veuille le Seigneur des univers*» et il sait alors que le premier verset est désormais abrogé pour lui qui a évacué l'illusion de l'esprit, tout en comprenant la raison pour laquelle celui-ci fut également révélé.

Le Coran a en effet exposé ses significations par paires : une signification proche du niveau de l'apparence (*ẓâhir*) et une autre, cachée, proche de la subtilité de la signification intérieure (*bâṭin*). Mais les «tenants du jugement personnel» ont échoué à appréhender cet état de fait et se sont basés sur certains versets conformes aux illusions des sens et celles de l'esprit. Ils dérivèrent leur théorie à partir de ces versets, abusant leur propre personne ainsi que leur audience.

Les Soufis étaient conscients de ce fait et savaient que les illusions des sens et celles de l'esprit doivent être toutes deux écartées par la dévotion diligente afin d'atteindre le niveau de la certitude (*al-yaqîn*), masquée par les voiles de l'obscurité et, parfois, par ceux de la lumière.

7. Le coran et la prédestination

«De Coran, Nous ne faisons descendre que ce qui apporte aux croyants guérison, miséricorde ; mais cela même ne fait qu'enfoncer les iniques dans leur perdition» (XVII, 82). Les iniques englobent, entre autres, ceux qui ne font appel qu'au seul esprit pour comprendre les vérités de la religion.

À travers toute une série de versets des plus exhaustifs, le Coran se fixe comme objectif de faire assimiler la prédestination par les esprits, assez profondément pour lui permettre de s'établir solidement dans les cœurs. Cet objectif atteint, il devient clair que le moindre propos du Coran soutient le principe de l'Unité de l'Agent (*waḥdat al-fâʿil*), qui est à l'origine du monothéisme et son pilier. Tous les autres niveaux du monothéisme ne se produisent qu'en perfectionnant la maîtrise de l'Unité de l'Agent avec laquelle s'identifie la prédestination. Considérons les versets suivants : *«c'est Lui qui vous fait aller sur la terre ferme et sur la mer. Si bien que quand vous êtes sur des navires, et que ces navires les emportent sous un bon vent, dans l'allégresse générale, alors les assaille une bourrasque ; de toute part déferlent sur eux les vagues ; on se voit encerclé, on invoque Dieu, on Lui voue la foncière religion : 'Si tu nous sauve de ce péril, oh ! comme nous Te serons reconnaissants' et après qu'Il les aura sauvés, les voici qui se déchaînent sur la Terre, à contre-vérité. —O humains, vous déchaîner, c'est le faire à votre propre dam. Jouissance de la vie d'ici-bas ; et puis vers Nous votre retour ! alors Nous vous informerons de ce que vous faisiez»* (X, 22-23).

Ces versets constituent les plus clairs propos sur la prédestination divine. Ils font une allusion subtile à cette défaillance humaine, l'inconscience (*al-ghafla*), qui nous atteint lorsque nous nous laissons emporter par nos succès au point d'en oublier Dieu et de croire que nous disposons d'un libre arbitre effectif. Les occasions de réussite de l'intelligence humaine sont plus nombreuses sur la terre qu'en mer ; c'est pourquoi Dieu dit : *«c'est Lui qui vous fait aller sur la terre ferme et sur la mer»*, c'est-à-dire, qu'Il nous guide que nous soyons en toute sécurité ou en danger. Les versets continuent ensuite d'énumérer les dangers que peut présenter la mer démontrant la futilité de nos efforts. Dès lors, comme le Coran l'affirme, *«on invoque Dieu, on Lui voue la foncière religion : 'Si Tu nous sauves de ce péril, oh ! comme nous Te serons reconnaissants'»*. Comme une telle prière vient de leur être tout entier, Dieu les sauve, mais «après qu'Il les aura sauvés, les voici qui se déchaînent sur la Terre, à contre-vérité» : une fois à l'abri des dangers de la mer, revenus sur la terre ferme et éprouvant de nouveau leur capacité d'action, ils replongent dans leur ignorance et leur indifférence et proclament leur libre volonté et leur liberté de choix. Le Coran nous rappelle ici que Celui qui nous guide sur terre est Celui-là même qui nous guide en mer et que nous ne devons pas l'oublier.

Plusieurs versets coraniques insistent sur ce message. Par exemple : *« [...] Ou serait-ce qu'ils donnent à Dieu des associés qui aient créé comme Il a créé ? Alors c'est que pour eux 'créer' prendrait un autre sens ! Dis : 'C'est Dieu qui a créé toute chose'. – Il est l'Unique, l'Irrésistible»* (XIII, 16) ; *«Les sept cieux Le glorifient, et la terre, et leurs habitants. Il n'est aucune chose qui par la louange ne Le glorifie : seulement, vous ne pénétrez pas leur glorification. Il est toutefois Longanime, Tout pardon...»* (XVII, 44) ; *«quand Dieu vous a créés vous et vos fabrications»* (XXXVII, 96) ; *«Point d'accidents qui adviennent sur la terre ou en votre personne sans figurer au Livre avant que Nous les suscitions – Ce qui est à Dieu bien facile. – (Cela) pour que vous ne vous affligiez pas de ce qui vous a manqué, ni n'exultiez de ce qu'Il vous a donné – Dieu n'aime pas l'orgueilleux qui s'illusionne non plus que ceux qui font preuve d'avarice, ou recommandent l'avarice à autrui, ou font volte-face. – Dieu est Celui-qui-se-suffit, le Très-digne-de-louange»* (LVII, 22-24). Tous ces versets sont d'une grande valeur pédagogique au bénéfice de ceux qui sont certains, en leur for intérieur, quant au principe de la prédestination (*taṣyîr*).

8. Qu'est-ce donc que la prédestination ?

Il est nécessaire de préciser d'abord que Dieu ne prédestine pas les gens au péché, c'est à la droiture qu'Il les prédestine plutôt. Voici ce qu'Il dit à travers le prophète Hûd : *«je m'en remets à Dieu, mon Seigneur et Le vôtre : point d'animal qu'Il ne maîtrise par la touffe du front ! Mon Seigneur dispose du chemin de rectitude»* (XI, 56). Dieu prédestine donc chaque être en vue de l'amener sur le droit chemin et chaque créature sera bien dirigée, tôt ou tard, si elle demeure obéissante à Dieu car rien au sein de l'univers n'échappe à Son obédience. Cependant, Dieu désire une obéissance consciente. Dès lors, Il a dressé une frontière entre la bonne guidance et l'égarement : tout ce qui se situe en-deçà de cette frontière est égaré ou mal guidé et tout ce qui se trouve au-delà est bien guidé. À ce stade, le concept de croyance et d'incroyance entre en jeu.

La croyance et l'incroyance ne diffèrent pas en nature mais bien en degré. Dans le domaine de la foi, la connaissance du croyant est en effet plus élevée que celle de l'incroyant. On peut affirmer que le croyant obéit à Dieu en connaissance de cause alors que l'incroyant lui obéit dans l'ignorance. Le Coran dit : *«Dieu le sait : cela qu'en Son lieu vous invoquez n'est rien, alors que Dieu est le Tout-Puissant, le Sage»* (XXIX, 42). Dieu sait mais les incroyants ne savent pas, et Il veut qu'ils sachent : *«Dis : 'Ceux qui savent seraient-ils à l'égal de ceux qui point ne savent ?'»* (XXXIX, 9).

La volonté de Dieu n'est jamais désobéie, mais Dieu veut élever les créatures de l'obéissance à ses volontés à l'obéissance de ce qu'Il approuve car Il peut vouloir quelque chose qu'il désapprouve par ailleurs. Il est dit dans le Coran : *«Si vous le déniez, Lui n'a que faire de vous, encore que pour Ses adorateurs Il ne puisse se satisfaire de la dénégation. Si pour Lui vous avez gratitude, c'est pour vous qu'Il se satisfait...»* (XXXIX, 7). Cela revient à dire que si quelqu'un dénie, ce n'est pas Dieu qu'il renie, c'est plutôt qu'il ne satisfait pas à Sa volonté. Cette satisfaction est la fine limite de la volonté, ou encore, le sommet d'une pyramide dont la base est la volonté. Celle-ci se situe au stade de la dualité alors que la satisfaction ou l'agrément se place au stade de la singularité. La volonté s'accommode à la fois de la croyance et de l'incroyance alors que l'agrément s'accommode uniquement de la première.

L'ordre créateur (*al-'amr at-takwînî*) est supérieur à la volonté. Son sommet est constitué de l'agrément et sa base de la volonté. C'est ce qu'on appelle une pyramide parfaite. Ceci est explicité à la fin de la sourate XXXVI, lorsque il est dit : *«Son ordre, quand Il veut une chose, tient à ce qu'Il dise : 'Sois', et elle est»* (XXXVI, 82). L'ordre législateur (*al-'amr at-tashrî'î*) représente le sommet de l'ordre créateur alors que la volonté en est la base. Donc, lorsque le Tout-Puissant dit : *«Quand Nous voulons abolir une cité, Nous (n'avons qu'à) commander à ses délicats : ils se livrent à la scéleratesse ; la parole s'avère inéluctable, et Nous détruisons cette cité de fond en comble»* (XVII, 16), Il fait référence à l'ordre créateur au niveau de la base de la pyramide, c'est-à-dire la volonté. Lorsqu'Il dit : *«Quand ils pratiquent une turpitude, ils disent : 'Nous l'avons trouvée en usage chez nos pères. Dieu nous l'a donc prescrite'. Dis : 'Quant à Dieu, Il ne prescrit pas la turpitude ! Imputez-vous à Dieu ce que vous ne savez point ?'»* (VII, 28), Il se réfère au décret législateur. L'expression «Dieu ne prescrit pas la turpitude» signifie qu'Il n'envoie pas de messagers, appuyés par des miracles, pour propager des lois appelant à commettre des péchés : *«Aucun humain n'a droit d'aller, ayant reçu de Dieu l'Ecriture, la norme, la prophétie, dire aux autres : 'Soyez pour moi, de préférence à Dieu, des adorateurs'. Mais non ! Soyez des Hommes-du-Seigneur, à raison même de votre enseignement de l'Ecriture, à raison de votre étude de l'Ecriture ! Il ne vous commande pas de vous donner comme maîtres les anges non plus que les prophètes... Comment vous commanderait-Il la dénégation, une fois devenus Ceux-qui-se-soumettent...»* (III, 79-80).

L'ordre législateur est une exhortation en vue d'élever les gens de la volonté de Dieu à Son agrément. Pour cette raison, Il a envoyé des messagers et a révélé les Livres sacrés dans lesquels il est proclamé : *«Dieu ordonne la justice, le bel-agir, la libéralité envers les proches ; Il proscrit la turpitude, le blâmable, la démesure ; Il vous sermonne, attendant de vous que vous méditiez»* (XVI, 90).

Bien que l'ordre législateur, comparé à la volonté, soit unitaire, la réflexion minutieuse fait apparaître qu'il est lui aussi de forme pyramidale, avec la loi générale de la collectivité pour base et la loi individuelle pour sommet. Ce sommet de l'ordre législateur représente la base par rapport au sommet de l'ordre créateur qui se trouve auprès de Dieu, là où disparaît tout lieu et tout espace. C'est à ce sommet ultime auquel Dieu se réfère lorsqu'Il dit : *«Quant à Nous, toute chose Nous l'avons créée à la mesure. Notre décret ne fait qu'un (avec son objet), comme l'éclair du regard»* (LIV, 49-50). De cette manière, la pyramide des créatures devient perceptible. Son sommet est le premier versant vers le niveau de l'agent (*al-'ism*), le stade de la loi individuelle, et sa base est le dernier versant vers le niveau de l'action (*al-fi'l*), le niveau de la multiplicité, au sein des organismes vivants et des éléments, le plus bas étant la fumée, ou vapeur d'eau, à partir duquel toutes les choses et tous les êtres furent créés. Dieu dit : *«et puis Il fit face droit au ciel, qui n'était que fumée, et lui dit, ainsi qu'à la terre : 'Venez bon gré mal gré'. Tous deux répondirent : 'Nous venons, obéissants'. Il institua sept cieux en deux jours, et pour chaque ciel en inscrivit l'ordonnance : 'Nous avons paré le ciel inférieur de lustres, et c'était aussi pour la sauvegarde' – Tout fut ainsi mesuré par le Tout-Puissant, le Connaissant»* (XLI, 11-12). Plus proche encore de la base de la pyramide de la création est ce que Dieu nous dit de cette «fumée» : *«Les dénégateurs ne voient-ils pas que les cieux étaient continus avec la terre, et que Nous les avons séparés, et qu'à partir de l'eau Nous avons constitué toute chose vivante ?... –Ne vont-ils pas croire ?»* (XXI, 30).

Alors que le sommet de la pyramide se situe auprès de Dieu, sa base est donc loin de Lui, non pas en distance mais bien en degré. Le sommet de la pyramide de la création, qui est le niveau de la loi individuelle, est le domaine de la souveraineté (*al-malakût*). La base de la pyramide appartient au domaine de la royauté (*al-mulk*). Le domaine de la souveraineté domine le monde des êtres, dans la mesure où le domaine de la royauté est le monde des apparences alors que le domaine de la souveraineté est le monde de l'essence. En d'autres mots, le domaine de la royauté est le monde des éléments matériels, caractérisé par la multitude, alors que le domaine de la souveraineté est le monde des éléments immatériels, caractérisé par l'unité. Cela ne veut pas dire qu'il n'y a pas d'éléments sensibles dans le domaine de la souveraineté, mais ils sont alors tellement subtils qu'ils ne peuvent être appréhendés que par le septième sens. Le maître soufi Ibn al-Fârid[1] se référait à cette excellence de la spiritualité lorsqu'il affirmait par ces vers :

«Le raffinement de la forme en réalité
suit la subtilité de la substance,
mais la forme, à son tour,
rehausse la substance».

Cela revient à dire que pour toute signification, il y a une donnée sensible et que pour chaque vérité (*ḥaqîqa*), il y a un système légal (*sharî'a*) correspondante. Chaque signification et chaque vérité possède une forme pyramidale avec un sommet et une base. Plus le sommet devient fin, plus la base devient fine. En d'autres termes, plus la signification est raffinée, plus sa donnée sensible l'est également.

Dieu a dit : *«Gloire à la transcendance de Celui qui a dans Sa main la souveraineté de toute chose : et c'est à Lui que de vous il sera fait retour»* (XXXVI, 83). La souveraineté de toute chose signifie ici sa singularité. La suite du verset vient confirmer

1. Omar Ibn al-Fârid : poète mystique ayant consacré l'ensemble de son œuvre à l'amour divin. Mort au Caire en 1235 (N.D.T.).

cette interprétation. Car le retour à Dieu ne se fait que par la convergence des attributs humains vers les attributs divins. Les créatures sont ainsi destinées à atteindre, grâce au monothéisme, la singularité par la pluralité et l'unité par la diversité. Dieu dit : «*Par la figue et l'olive, par le mont Sinaï et cette ville sûre, Nous avons créé l'homme accompli de structure puis l'avons ravalé au plus bas des plus bas... Tandis que ceux qui croient, effectuent les oeuvres salutaires, recevront un salaire sans contrepartie – Qu'est-ce qui pourrait, après cela, te faire démentir l'allégeance ? Dieu est le plus juste des justiciers*» (XCV, 1-8).

Nous avons dit précédemment que la signification apparente du Coran (*ẓâhir*) a trait à l'environnement sensible alors que sa signification caché (*bâṭin*) a trait au caractère spirituel de l'âme humaine. C'est le genre humain qui est la préoccupation de Dieu et non pas les cieux et la terre. Une simple bestiole compte plus dans l'estime de Dieu que le soleil car cette bestiole appartient à la chaîne de la vie et de la mort alors que le soleil attend encore d'atteindre ce stade avancé. Voilà pourquoi nous ne nous sommes pas préoccupés de la signification apparente de ces versets. Elle est d'ailleurs largement exposée dans n'importe quel livre d'exégèse du Coran.

Dieu jure sur Lui-même lorsqu'Il jure par les forces de l'âme humaine. «*Humains, prémunissez-vous envers votre Seigneur. Il vous a créés d'une âme unique, dont il ira pour celle-ci une épouse ; et de l'une et de l'autre Il a répandu des hommes en nombre, et des femmes. Prémunissez-vous envers Dieu, de qui vous vous réclamez dans votre mutuelle sollicitation, et aussi envers les matrices. – Dieu soit là-dessus votre surveillant !*» (IV, 1).

Cette «âme unique» de laquelle Il nous a créé est Sa propre âme, qu'Il en soit adoré et vénéré. Dans le premier verset de la sourate XCV cité plus haut, Dieu s'exprime par «la figue», c'est-à-dire l'âme et «l'olive», l'esprit, «le Mont Sinaï», l'intelligence et «la ville sûre», le coeur. Nous avons déjà mentionné que l'intelligence résulte de la fécondation de l'âme par l'esprit et, dans le contexte présent, nous affirmons que l'intelligence est le guide du coeur dans la recherche de la connaissance. Elle est au coeur de ce que la canne est à l'aveugle, qui peut grâce à elle percevoir son chemin. Le rapport entre l'intelligence et le coeur s'apparente à celui qui unit les cinq sens et l'intelligence elle-même. Lorsque l'intelligence se renforce, s'affûte et commence à être attisée constamment par l'ensemble des sens, elle devient le futur sixième sens. Au début de la vie, il n'existait qu'un seul et unique sens. Plus tard, un second sens se développa et ensuite les troisième, quatrième et cinquième apparurent. La vie est maintenant en train de cheminer vers les sixième et septième sens. L'évolution future s'accomplira par le développement de ces sept sens et non pas par leur accroissement en nombre. Le sixième sens est donc l'intelligence lorsque celle-ci s'affûte et devient capable simultanément de goûter, sentir, toucher, voir et entendre toute chose.

Une fois ce stade atteint, l'intelligence connaîtra sa véritable valeur et réalisera qu'il est derrière le coeur et non devant lui. Il entendra alors et tentera de réaliser les paroles du grand maître al -Junaîd[1] : «*Suis le guide que tu guidais précédemment*». L'obéissance à cette injonction est cependant de la plus haute difficulté pour l'intelligence et ne pourra être qu'épisodique, lorsque la discipline personnelle atteint son sommet. Lorsque cette obéissance est accomplie, elle n'est pas maintenue très longtemps et, à l'instar de <u>Kh</u>idr[2] et de Moïse, le coeur s'adresse à l'intelligence en ces termes : «*Avec moi tu ne pourras faire preuve d'assez de patience*» (XVIII, 67). Néanmoins, ce court moment que l'intelligence de chaque individu endure avec son coeur a une valeur éternelle car il se situe hors du temps. C'est à ce stade que le Coran fait allusion lorsqu'il dit : «*Son regard n'a pas dévié, non plus qu'outrepassé*» (LIII, 17). C'est le moment où l'itinérant spirituel perçoit, sans intermédiaires, l'Essence divine (*a<u>dh</u>-<u>dh</u>ât al-'ilâhiyya*), où le coeur atteint le rang du septième sens et où l'itinérant devient singulier (*witr*).

---

1. Fondateur du soufisme sunnite. Mort à Bagdad en 910 (N.D.T.).
2. <u>Kh</u>idr ou <u>Kh</u>âdir est le nom donné par les exégètes au personnage énigmatique qui fut le compagnon et l'initiateur de Moïse lors de son voyage mystérieux relaté par le Coran (XVIII, 60-82) (N.D.T.).

Mais l'intelligence a tôt fait d'être rattrapée par sa faiblesse : elle devient ignorante de sa propre valeur et outrepasse le coeur. Dès lors, l'itinérant spirituel devient double (*shaf'*), troublé par l'intelligence dans sa rencontre avec l'Essence divine et uniquement capable de voir Ses exaltations aux niveaux de l'agent, de l'attribut et de l'action, le niveau le plus bas de celui de l'Unité de l'Agent du *waḥdat al-fâ'il*. L'itinérant spirituel, face aux voiles de la lumière, souffre encore de polythéisme subtil mais il possède sa propre loi individuelle (*sharî'a fardiyya*) et, donc, se trouve dans son propre domaine de souveraineté.

L'expression «Nous avons créé l'homme accompli de structure» dans les versets mentionnés plus haut se réfère à la création de l'homme dans le domaine de la souveraineté, qui constitue le sommet de la pyramide de la création, situé dans le monde du décret. «Puis l'avons ravalé au plus bas des plus bas...» Fait allusion à la création de l'homme dans le monde sensible, qui constitue la base de la pyramide de la création, située dans le monde des créatures : «*N'est-il pas le Maître de la création et du décret ?*» (VI, 54). Le Coran dit également : «*Quant à Nous, toute chose Nous avons créée à la mesure, Notre décret ne fait qu'un (avec son objet), comme l'éclair du regard*» (LIV, 49-50).

L'histoire de l'homme créé accompli de structure et son ravalement subséquent au plus bas de la création est relatée par le Coran : «*Lors ton Seigneur dit aux anges : 'Je vais instituer un lieutenant sur la terre'. Ils dirent : 'Quoi ! Tu rendrais tel celui qui tant y fait dégât et qui verse le sang, alors que nous autres célébrons par la louange Ta transcendance et sainteté ?' Il dit : 'Moi, Je sais ce que vous en savez pas', il apprit à Adam tous les noms, qu'ensuite Il énonça aux anges, leur disant : 'Informez-moi de ces noms, pour autant que vous soyez véridiques', ils dirent : 'À Ta transcendance ne plaise. Nous n'en savons que ce que Tu nous en a appris. Il n'est que Toi de Connaissant, de Sage', Il dit : 'Ne vous avais-Je pas dit que Je suis le plus savant du mystère des cieux et de la terre ? Et Je sais ce que vous publieez comme ce que vous cachez'. Lors Nous dîmes aux anges : 'Prosternez-vous devant Adam'. Il le firent, à l'exception d'Iblis* [le Diable]. *Il s'y refusa par orgueil : le premier des dénégateurs !... Et Nous dîmes à Adam : 'Habitez, ton épouse et toi, le Jardin. Mangez de ses fruits sans contrainte, de partout où vous voudrez. Mais de cet arbre n'approchez, sans quoi vous seriez tous deux des iniques entre tous'. C'est juste sur quoi Satan les fit trébucher : il les fit donc sortir de là où ils étaient. Nous leur dîmes : 'Descendez. L'un à l'autre vous serez ennemis. Vous trouverez sur la terre établissement, et jouissance pour un temps'. Or Adam recueillit de son Seigneur certaines paroles, le Seigneur sur lui S'était repenti, car Il est l'Enclin-au-repentir, le Miséricordieux. Nous dîmes : 'Descendez-en tous. Quand vous viendra de Moi une guidance, alors qui suivra Ma guidance... – Pour eux point de crainte à se faire, non plus qu'ils n'auront de deuil. Quant aux dénégateurs, quant à ceux qui démentiront Nos signes, ceux-là seront les compagnons du Feu : ils y seront éternels»* (II, 30-39).

Adam fut créé dans le domaine du décret parfait, connaissant et libre, et sa liberté était un don octroyé sans contrepartie. Dieu le testa pour voir quel usage il ferait de sa liberté et lui dit donc : «Habitez, ton épouse et toi, le Jardin. Mangez de ses fruits sans contrainte, de partout où vous voudrez. Mais de cet arbre n'approchez, sans quoi vous seriez tous deux des iniques entre tous». La signification apparente (*ẓâhir*) de l'arbre défendu est la femme d'Adam, mais sa signification cachée (*bâṭin*), c'est Adam lui-même. Il ne fit donc pas bon usage de sa liberté qui aurait été d'observer l'ordre de Dieu plutôt que son propre désir. Il préféra sa propre personne à Dieu, lui désobéit et eut une relation avec sa femme. Sa liberté lui fut donc retirée. Il descendit là où il fut châtié pour son péché et commença à reconquérir péniblement sa liberté afin de l'apprécier et de ne plus en abuser dans le futur. Car la liberté, si elle n'est pas conquise, n'est ni appréciée ni défendue. Dieu avertit Mohammad contre la situation vécue par Adam : «*Ne prétends pas hâter le Coran, avant que la révélation ne s'en décrète en toi. Dis : 'Seigneur, grandis-moi en connaissance'. Auparavant, Nous avons accordé à Adam un pacte, mais il l'oublia, et Nous le trouvâmes irrésolu*» (XX, 114-115).

«Nous avons accordé à Adam un pacte» signifie que Dieu lui avait fait promettre le bon usage de sa liberté et de préférer Dieu en toutes circonstances. «Mais il l'oublia, et Nous le trouvâmes irrésolu» car Adam oublia sa promesse et sa volonté ne put respecter le devoir inhérent à sa liberté, succombant à la tentation de son propre désir. Dieu réduisit donc sa liberté. «*Ainsi ferons-nous des pécheurs*» (LXXVII, 18).

Alors qu'Adam désobéit à Dieu par oubli et faiblesse, Iblis (le Diable) Lui désobéit de manière délibérée et arrogante. Cette histoire est relatée dans le Coran : «... *Lors ton Seigneur dit aux anges : 'Je suis en train de créer un humain avec de l'argile, quand Je l'aurai rendu complet, lui aurai insufflé de Mon souffle, tombez devant lui prosternés', les anges se prosternèrent tous ensemble à l'exception d'Iblis qui témoigna sa superbe : c'était entre tous un dénégateur. Dieu dit : «Iblis, qu'est-ce qui t'empêche de te prosterner devant la création de Mes mains ? Est-ce par superbe, ou es-tu si haut placé ?', il dit : 'Je vaux mieux que lui : Tu m'as créé de feu, et lui d'argile', Dieu dit : 'Eh bien ! Sors-en. Lapidé sois-tu ! Et sur toi malédiction jusqu'au Jour de l'allégeance', il dit : 'Mon Seigneur, fais-moi sursis jusqu'au Jour où ils seront ressuscités', Dieu dit : 'Eh bien ! Tu disposes d'un sursis jusqu'au Jour de l'Heure fixée', il dit :'Alors, par ta Toute-Puissance ! Puissé-je tous les fourvoyer sauf parmi eux Tes adorateurs dévoués', Dieu dit : 'Rien que le Vrai ! Et le Vrai Je déclare : (Je jure) d'emplir la Géhenne de toi et de toux ceux d'entre eux qui te suivront, jusqu'au dernier'*» (XXXVIII, 71-85).

Iblis était fervent mais, à cause de son arrogance, sa dévotion ne fut d'aucun objet. Il possédait également une grande connaissance mais celle-ci était uniquement exotérique (*ẓâhir*), elle ne se couplait pas de profondeur (*bâṭin*). Il ne craignait donc pas Dieu et n'était pas intelligent. Il jura par la Toute-Puissance de Dieu qu'il fourvoierait tous les êtres humains et pourtant, il était par trop orgueilleux pour obéir à celle-ci. Lorsqu'il cessa de craindre Dieu, il réitéra sa désobéissance au lieu de se repentir et demander pardon. Il sollicita simplement un sursis afin de trouver l'occasion de tenter et de fourvoyer. Il dit : «Mon Seigneur, fais-moi sursis jusqu'au Jour où ils seront ressuscités». Lorsque Dieu dit : «Eh bien ! Tu disposes d'un sursis jusqu'au Jour de l'Heure fixée», il répondit : «Alors, par ta Toute-Puissance ! Puissé-je tous le fourvoyer sauf parmi eux Tes adorateurs dévoués». Ce dernier verset indique bien l'ample connaissance d'Iblis : il sait qu'il ne pourra influencer les adorateurs de Dieu. Mais cette connaissance n'est qu'apparente (*ẓâhir*), dégagée de toute piété véritablement profonde (*bâṭin*). Par contre, Adam et Eve dirent : «*Notre Seigneur,* [...] *nous deux, nous venons d'être iniques envers nous-mêmes. À moins que Tu ne nous pardonnes et ne nous dispenses Ta miséricorde, sûr que nous sommes des perdants entre tous*» (VII, 23).

Quoi qu'il en soit, tous désobéirent à Dieu, devenant ainsi vils et grossiers, inadaptés à un environnement spirituel raffiné. Le poids de la désobéissance les amena du bas de l'échelle de l'évolution vers l'abîme, c'est-à-dire la profondeur la plus abyssale dont il est fait référence dans les versets de la sourate XCV «La Figue» cités plus haut. Cette descente concerna d'abord Iblis, suivi d'Eve puis d'Adam. Au sein de leur nouvel environnement, ils furent entourés de toutes parts par des démons mais finirent par s'y adapter et oublièrent presque tout de leur perfection passée. Dieu répondit à la requête d'Iblis : Il lui accorda un sursis jusqu'au Jour de la résurrection. Il resta donc au fond de l'abîme, sans en remonter, car son simple souhait était d'obtenir ce sursis. Dieu répondit également à la requête d'Adam et Eve : ils demeurèrent dans les abysses jusqu'à ce qu'ils reçoivent le pardon et la grâce qu'ils avaient demandés lors de leur désobéissance. «*La miséricorde de Dieu est proche des bel-agissants*» (VII, 56).

Le verset 6 de la sourate XCV «La Figue» – «*Tandis que ceux qui croient, effectuent les oeuvres salutaires, recevront un salaire sans contrepartie*» – peut laisser à penser qu'ils ne furent pas ravalés vers l'abîme de la création. Rien n'est plus faux. En fait, ce verset et le précédent s'assimilent aux versets suivants : «*– Il n'en est aucun parmi vous qui n'y arrive, puisque c'est là pour ton Seigneur sentence irréversible – en revanche, Nous sauverons les prémunis, tout en y laissant les iniques à* *croupetons...*» (XIX, 71-72). Il sauva donc Adam et Eve des abysses et leur ascension put commencer grâce au pardon et à la grâce de Dieu. Iblis resta en arrière car il refusait de changer.

Dieu demande : «*Qu'est-ce qui les fait mécroire en la religion ?*». Le religion (*dîn*) est synonyme de récompense. Il s'agit d'une allusion à la compensation (*al-mu ʿâwada*), c'est-à-dire la rétribution (*al-qiṣâṣ*) sur laquelle, comme nous l'avons dit, l'Islam fonde sa vérité (*ḥaqîqa*) et sa loi (*sharî ʿa*). Cette allusion est destinée à nous montrer que l'homme fut dégradé du rang de la structure la plus accomplie vers l'abîme la plus abyssale, conformément au principe de la compensation, donc «*en récompense appropriée*» (LXXVIII, 26).

Le Coran dit : «*Dieu n'est-Il pas le plus sage des arbitres*», avalisant ainsi la loi de la copensation et rappelant sa sagesse intrinsèque.

9. Le pardon accordé à Adam et Eve

Comment Adam fut-il pardonné ? Dieu ordonna aux anges de se prosterner devant Adam et ceux-xi acquiescèrent. Il ordonna à Iblis de se prosterner à son tour devant Adam mais il s'y refusa. Les anges obéirent à l'ordre législateur puisqu'«*ils ne désobéissent à Dieu en rien qu'Il leur ordonne, ils exécutent tout ordre qu'Il leur donne*» (LXVI, 6). Iblis, quant à lui, désobéit à l'ordre législateur, ce qui revient en fait à obéir à l'ordre créateur, c'est-à-dire à la volonté de Dieu. Se prosterner devant Adam signifiait que les anges, ainsi qu'Iblis, devenaient les serviteurs d'Adam avec néanmoins une différence quant au but relatif à chacun. La servitude des anges consiste à favoriser l'accomplissement de bonnes actions et à guider vers le Vrai alors que celle d'Iblis consiste à fourvoyer et à égarer du Vrai.

Adam est partagé entre le bien, supérieur, et le mal, inférieur, et, dans les deux cas, il s'avance vers Dieu. «*Ne considérez-vous pas que Dieu a mis à votre service ce qu'il y a dans les cieux et ce qu'il y a sur terre, qu'Il abonde sur vous en grâces patentes et secrètes ?*» (XXXI, 20). Les grâces patentes sont le bien-être et les grâces secrètes les malheurs. Toutes deux sont des grâces de Dieu mais l'individu fuit les secondes et se complaît dans les premières. Dieu dit : «*Aussi bien se peut-il que vous répugniez à une chose, et qu'elle soit pour votre bien ; il se peut que vous en chérissiez une autre, et qu'elle soit pour votre mal – Dieu sait, vous ne savez pas*» (II, 216). Le problème entier réside donc, en fait, dans le manque de connaissance.

Si l'on se figure le premier homme encore au stade entre l'animal et l'humain et constituant le fer de lance de l'évolution, on peut alors concevoir Adam, l'héritier de la terre, à un certain stade de son développement. Ce stade était, néanmoins, une transition qu'il abordait grâce à une impulsion extraordinaire, résultant de l'accumulation de qualités acquises durant sa longue et pénible évolution. Dieu fait référence à cette impulsion lorsqu'Il dit : «après quoi Nous le promûmes d'une autre création» dans les versets suivants : «*– Oui, Nous avons créé l'homme d'une quintessence d'argile puis Nous en fîmes une goutte de liquide, déposé en réceptacle sûr, puis ce peu de liquide, Nous le créâmes adhérence, et créâmes l'adhérence mâchure, et créâmes la mâchure ossature, et revêtîmes l'ossature de chair, après quoi Nous le promûmes d'une autre création... – Béni soit Dieu, le plus beau des créateurs !*» (XXIII, 12-14).

Cette impulsion est également exprimée par «(Je) lui aurai insufflé de Mon Esprit» dans les deux versets suivants : «*Lors ton Seigneur dit aux anges : 'Je suis en train de créer un humain d'une argile de boue croupie, quand Je l'aurai rendu complet, lui aurai insufflé de Mon Esprit, tombez devant lui prosternés'*» (XV, 28-29). L'expression «quand Je l'aurai rendu complet» fait une allusion spécifique au déroulement de l'évolution qui débute avec la vapeur d'eau, lorsque les cieux et la terre n'étaient qu'un simple nuage, jusqu'au moment où la scène fut édifiée pour que l'Esprit du Seigneur y soit insufflé. Comme nous l'avons dit antérieurement, l'Esprit du Seigneur est la volonté d'être libre qui couronne la volonté de vivre, élevant ainsi de manière soudaine l'homme au-dessus des autres animaux supérieurs. Cette volonté d'être libre ne s'est pas matérialisée soudainement *ex nihilo*. Elle émergea en fait après une longue période de latence et d'inactivité, tout comme le beurre est produit par le barattage de la crème. Nous avons dit également que la volonté d'être libre est entrée en lutte, elle aussi, avec la volonté de vivre, l'intelligence étant le fruit de leur interaction.

La volonté de vivre émergea de la terre. Des éléments célestes persistaient au sein de cette force mais moins nombreux que les éléments terrestres. La volonté d'être libre émergea elle aussi de la terre mais, en son sein, les éléments célestes dominaient. Elle incita les êtres humains à se tenir debout sur leurs membres inférieurs et à marcher, libérant ainsi les membres supérieurs pour des tâches davantage liées à l'intelligence. L'homme commença à regarder autour de lui et à voir le soleil, la lune et les étoiles. Il se mit à marcher debout et découvrit les chemins de la terre ainsi que les trajectoires des cieux car «*Qui va la face penchée se guiderait-il mieux que celui qui va bien droit sur une voie de rectitude ?*» (LXVII, 22).

La volonté de vivre émergea de la terre. Des éléments célestes persistaient au sein de cette force mais moins nombreux que les éléments terrestres. La volonté d'être libre émergea elle aussi de la terre mais, en sons sein, les éléments célestes dominaient. Elle incita les êtres humains à se tenir debout sur leurs membres inférieurs et à marcher, libérant ainsi les membres supérieurs pour des tâches davantage liées à l'intelligence. L'homme commença à regarder autour de lui et à voir le soleil, la lune et les étoiles. Il se mit à marcher debout et découvrit les chemins de la terre ainsi que les trajectoires des cieux car «*Qui va la face penchée se guiderait-il mieux que celui qui va bien droit sur une voie de rectitude ?*» (LXVII, 22).

Au sein de l'univers, Adam se situe entre les anges, à un niveau supérieur, et les diables, à un niveau inférieur. Il est donc l'isthme (*barzakh*)[1] de toute l'existence, et par là, il en est l'intelligence. C'est à lui que Dieu se réfère lorsqu'il dit : «*... Il a lâché les deux mers pour se joindre avec entre elles deux un seuil à ne pas enfreindre...*» (LV, 19-20). Les deux mers

1. Jacques Berque traduit le mot *barzakh* par seuil. Notre préférence est de le traduire ici par isthme (N.D.T.).

représentent ici les esprits supérieurs, éclairés grâce à l'obéissance, et les esprits inférieurs, obscurcis par la désobéissance.

L'intelligence d'Adam est partagé en Adam lui-même entre la volonté de vivre, qui est l'âme, située plus bas, et la volonté d'être libre, qui est l'esprit situé plus haut. Ainsi donc l'intelligence d'Adam est un isthme (*barzakh*) et Dieu y fait allusion en tant que tel dans les deux versets cités plus haut, pris dans leur signification cachée (*bâṭin*) alors qu'Adam en est la signification apparente (*ẓâhir*).

La loi de l'âme est de rechercher le plaisir et d'éviter la souffrance, à tout prix. Elle obéit donc à l'ordre créateur mais peine à se conformer à l'ordre législateur à cause de ses restrictions. En cela, l'âme ressemble à Iblis.

La loi de l'esprit est celle du licite et de l'illicite. Elle demande à l'âme de s'abstenir des plaisirs illicites immédiats en prévision des plaisirs licites futurs et afin d'éviter la souffrance, immédiate ou ultérieure liée aux premiers. L'esprit ne se conforme donc pas seulement à l'ordre créateur mais également à l'ordre législateur. En cela, l'esprit s'apparente aux anges.

Il a été enjoint à Adam, à ce stade encore primitif de son développement, de manger de ceci et de ne pas manger de cela. Autrement dit, il fut instruit du licite et de l'illicite. Si, dans un premier cas, Adam avait résisté aux désirs de son âme en refusant ses ordres pour éviter le mal, il aurait alors fait un bon usage de sa liberté et aurait mérité d'en recevoir davantage. Dieu dit : «*bel-agir trouverait-il récompense autre que bel-agir ?*» (LV, 60). La récompense pour avoir fait le bien est ainsi décuplée par la pure grâce de Dieu. Ainsi dit-Il encore : «*Qui apportera une belle action en gagnera le décuple. Une mauvaise, il ne sera rétribué que de la pareille. Personne ne sera lésé...*» (VI, 160). La belle action peut également être décuplée plusieurs fois et même indéfiniment : «*La semblance de ceux qui font dépense de leurs biens sur le chemin de Dieu est celle d'un grain dont poussent sept épis, chacun portant cent grains : Dieu opère cette multiplication pour qui Il veut. Il est Immense, Connaissant*» (II, 261).

Un seul grain produit donc sept épis, chacun portant cent autres grains, ce qui revient à une multiplication par sept cents. En outre, le Coran ajoute que Dieu opère cette multiplication pour qui Il veut, telle une multiplication par sept mille ou par soixante-dix mille, etc. Lorsqu'il est dit que Dieu est Immense, Connaissant, Il se trouve alors au-delà des comptes, dans l'immensité de l'absolu.

Mais si, dans un deuxième cas, Adam se montrait incapable de résister à la tentation en cédant aux plaisirs interdits, il aurait alors abusé de sa liberté qui était susceptible d'être restreinte. Si un tel abus impliquait une offense aux droits de la collectivité, sa liberté pouvait être confisquée conformément à la loi de la compensation (*al-mu'âwada*) dans la *sharî'a*, qui se fonde sur le verset suivant : «*Nous leur avons prescrit : âme pour âme, œil pour œil, nez pour nez, oreille pour oreille, dent pour dent ; compensation pour les blessures ; quiconque à titre d'aumône (renoncerait à la compensation) cela vaudrait pour lui expiation... – Qui ne juge pas selon ce que Dieu a fait descendre... voilà les iniques*» (V, 45).

Si les conséquences de son abus de liberté n'affectait que sa propre personne, sa liberté aurait pu être restreinte, dans ce cas, conformément à la loi de la compensation au niveau de la vérité (*al-ḥaqîqa*), selon les deux versets suivants : «*qui aura fait un atome de bien le verra, qui aura fait un atome de mal le verra*» (XCIX, 7-8).

Il serait cependant erroné de penser que la loi de la compensation dans la *sharî'a*, telle qu'elle fut mentionnée dans la Torah, dans le Nouveau Testament et finalement approuvée et confirmée par le Coran, est intrinsèquement précise. La loi de la compensation est en fait une loi vouée à évoluer. Elle se développe parallèlement à l'évolution de la société humaine et est influencée par le degré de perfection de l'intelligence humaine et par son habilité à imiter la loi de la vérité, qui en est la source et le fondement. La loi de la vérité a toujours été, et reste, infiniment précise, achevée et universelle.

La précision de la loi de la compensation au niveau de la vérité, qualité qui fait défaut à plusieurs des formes de la loi de la compensation au niveau de la *sharî'a*, se vérifie par le fait que les deux corps de loi concourent à endiguer la liberté de ceux qui n'en font pas bon usage tout en évitant la double peine pour le même péché au même niveau de châtiment. La précision des lois de compensation au niveau de la *sharî'a* ne se rapproche de celle du niveau de la vérité (*ḥaqîqa*) que dans les «*ḥudûd*», à savoir les châtiments prescrits pour les quatre péchés majeurs que sont l'adultère (*zinâ*), la diffamation par fausse accusation d'adultère (*qadhf*), le vol (*sariqa*) et le banditisme de grand chemin (*qaṭ'aṭ-ṭarîq*). Toutes ces peines se réfèrent à deux principes fondamentaux (*'uṣûl*): le sacré du droit à l'honneur et le sacré du droit de propriété. Ces principes furent les deux premières lois établies par les collectivités humaines primitives et ont permis l'essor de la société elle-même. Le châtiment en cas d'ébriété ainsi que le talion (*qiṣâṣ*) viennent respectivement en cinquième et sixième lieu.

La compensation a pour but d'endiguer le mal en punissant le plaisir égoïste immodéré par une douleur équivalente en vue d'éduquer et d'enseigner l'âme à tempérer sa conduite impulsive et à se réfréner de la quête immodérée du plaisir.

10. Comment Adam fut-il pardonné ?

C'est en recevant le droit à l'erreur qu'Adam fut pardonné. Ceci signifie que sa liberté ne fut pas abolie à jamais, ni mise sous une tutelle perpétuelle. Contrairement à Iblis, Adam fut autorisé à recouvrer sa liberté pour l'exercer selon sa capacité, vacillant ce faisant entre la justesse et l'erreur.

Dès qu'il en faisait bon usage, davantage de liberté lui était offert. Par contre, lorsqu'il en abusait, il devait en subir les conséquences et était puni selon le principe de la compensation, c'est-à-dire par un châtiment proportionnel au péché. Ce procédé était destiné à stimuler les pouvoirs de l'âme, les rendant ainsi de plus en plus aptes à faire bon usage de la liberté dans les domaines où des abus avaient été auparavant commis.

Cependant, même une telle punition révèle la grâce divine. Dieu récompense les bonnes actions par une multiplication au décuple et même à l'infini alors que les mauvaises actions ne sont punies que proportionnellement à leur gravité. Dieu peut également pardonner les mauvaises actions, ou même les remplacer par du bien, multipliable ensuite à l'infini. Comme il est dit dans le Coran :

«... *Ceux qui n'invoquent pas d'autres dieux avec Dieu, ne font pas périr une âme, celle-ci étant protégée d'un interdit (sauf à bon droit), se gardent de la fornication – Qui perpètre cela rencontre péché majeur Dieu lui redouble son tourment au Jour de la résurrection, Il l'y éternise dans la vilenie exception faite de qui se repent, croit, effectue l'œuvre salutaire..., ceux-là Dieu substitue à leurs mauvaises actions de belles, car Dieu est Tout pardon, Miséricordieux*» (XXV, 68-70).

Adam fut inspiré de mots divins, provoquant sa propre rédemption par le pardon : «*Or Adam recueillit de son Seigneur certaines paroles, le Seigneur sur lui S'était repenti, car Il est l'Enclin-au-repentir, le Miséricordieux*» (II, 37). Ces mots étaient les suivants : «*Notre Seigneur,* [...] *nous deux, nous venons d'être iniques envers nous-mêmes. À moins que Tu ne nous pardonnes et ne nous dispenses Ta miséricorde, sûr que nous sommes des perdants entre tous*» (VII, 23).

C'est ainsi qu'Adam reçut le pardon après avoir accédé à la maturité humaine. Cependant, le cheminement vers ce stade avancé lui a demandé beaucoup de temps. Dieu décrit ce cheminement : «*L'homme n'a-t-il pas subi une période de temps où il n'était rien qui se pût dénoter ? – Oui, c'est Nous qui avons créé l'homme d'une combinaison de liquides, afin de l'éprouver, ce pour quoi Nous le dotâmes de l'ouïe et de la vue Nous le guidâmes au chemin, que l'homme dût se montrer reconnaissant ou dénégateur*» (LXXVI, 1-3). Cela signifie que, à une période très lointaine, l'homme n'était ni mature ni responsable parce qu'il n'avait pas encore atteint le stade de la raison et de l'intelligence. Nous avons déjà discuté ce sujet précédemment et avions noté le fait que Dieu conduit la vie, quasi directement, de sa première manifestation d'eau et d'argile jusqu'au stade de l'apparition de la raison et de l'intelligence, par la loi de la compensation au niveau de la vérité, en accord avec les deux versets : «*qui aura fait un atome de bien le verra, qui aura fait un atome de mal le verra*» (XCIX, 7-8). Cette loi opère invariablement dans le but de promouvoir le bien et d'éliminer le mal en guidant la vie vers le sein de Dieu le Miséricordieux.

Cette prédestination vers la convergence est le pardon accordé à Adam. Il couvre toute l'étendue de son évolution depuis qu'il n'était qu' «une eau claire mélangée à de l'argile» jusqu'au stade de la maturité.

Qu'était Adam avant cela et comment fut-il pardonné ? Ecoutons le Coran : «– *Oui, Nous avons créé l'homme d'une quintessence d'argile puis Nous en fîmes une goutte de liquide, déposé en réceptacle sûr*» (XXIII, 12-13). Avant qu'Adam ne devienne une goutte de liquide mélangée à de l'argile, il était une particule de vapeur d'eau, qui est l'origine de la vie. Comme Dieu le dit : «–*Les dénegateurs ne voient-ils pas que les cieux étaient continus avec la terre, et que Nous les avons séparés, et qu'à partir de l'eau Nous avons constitué toute chose vivante ?... –Ne vont-ils pas croire ?*» (XXI, 30). Cette particule de vapeur d'eau est l'origine de la quintessence d'argile. Adam fut pardonné à ce stade par cette prédestination directe, par la contrainte de la volonté, qui fait cheminer la vie vers Dieu et l'incite à s'en rapprocher, pour qu'elle puisse ainsi évoluer et se développer. La loi de cette volonté divine est également la loi de la compensation au niveau de la vérité (*ḥaqîqa*).

Ce pardon en faveur d'Adam à ses différents stades est en fait la prédestination même qui opère, d'abord, du niveau des éléments simples jusqu'au niveau de la vie ; puis, du niveau de la vie primitive vers celui de la vie développée, raffinée et complexe ; ensuite, de ce niveau vers celui de la liberté collective avec l'émergence de la raison ; et finalement, du niveau de la liberté collective vers celui de la liberté individuelle parfaite. La prédestination chemine vers ce dernier niveau indéfiniment, car elle chemine vers Dieu dans l'absolu (*'iṭlâq*).

11. La prédestination est un pur bien

Avec l'avènement de la raison, la loi de la compensation au niveau de la *sharî'a* commença à émerger. C'était une loi grossière par rapport à la loi de la compensation au niveau de la vérité, mais elle devint de plus en plus précise et subtile au fur et à mesure que la raison se fortifiait et devenait mature. C'est au fond une loi éphémère, reflétant la volonté humaine également éphémère, qui s'évertue à coïncider parfaitement avec la loi éternelle qui reflète la Volonté éternelle de Dieu… mais loin s'en faut !

L'homme est prédestiné à évoluer de la divergence vers la convergence, de l'ignorance vers la connaissance, de la multitude vers l'unité, du mal vers le bien, du fini vers l'infini et de l'asservissement vers la liberté.

À l'origine, la prédestination est une miséricorde qui s'apparente à la justice. À vrai dire, elle dépasse la justice – car la miséricorde est supérieure à la justice – comme nous l'avons dit.

La prédestination est liberté car elle se fonde sur l'exercice de l'action mue par une liberté «acquise» à un certain niveau. Quiconque fait bon usage de sa liberté en disposera davantage, grandissant ainsi en expérience et en pratique. Lorsqu'il y a abus, le pécheur en subit les conséquences conformément à une loi sage qui tend à augmenter sa capacité d'améliorer son comportement. C'est comme si l'homme était dirigé de la prédestination vers le libre arbitre, car il est libre chaque fois qu'il exerce sa sagesse aux niveaux de la pensée, de la parole et de l'action.

Un *ḥadîth qudsî*[1] rapporte que Dieu dit au prophète David : *«O David, toi tu veux et Moi Je veux et il ne peut y avoir que ce que Je veux. Si tu te soumets à Ma volonté, Je te donnerai ce que tu veux, et si tu refuses de te soumettre à Ma volonté, Je te ferai souffrir en ce que tu veux et, finalement, il ne pourra y avoir que ce que Je veux»*. Dieu tranche ainsi la question dès le départ en

1. Voir note 1, page 39.

affirmant qu'il ne peut y avoir que Sa volonté, montrant par là que seule la volonté de Dieu est effective.

Lorsqu'Il dit : «*Si tu te soumets à Ma volonté, Je te donnerai ce que tu veux*», Il indique que la volonté de l'être humain sera effective si celui-ci choisit Dieu. À la question de savoir si quelqu'un peut choisir Dieu, la réponse est qu'on ne le peut à moins qu'Il ne nous en donne Lui-même le choix. Le Coran dit : «*alors qu'eux n'embrassent même pas une parcelle de Sa connaissance, excepté ce qu'Il veut ?*» (II, 255). Dieu nous souhaite à chaque moment d'acquérir davantage de Sa connaissance, d'où le verset suivant : «*Tout habitant des cieux et de la terre Le sollicite, chaque jour Il s'affirme dans quelque intervention...*» (LV, 29). De cette manière, Il se révèle continuellement à Ses créatures pour qu'elles puissent Le connaître. Sa journée ne se compose pas de vingt-quatre heures, mais plutôt d'une unité de temps d'une telle irradiation au sein de laquelle une seconde peut être divisée en fractions d'un ordre plus fin que le milliardième, au point où le temps lui-même cesse quasiment d'être le temps. Tout ceci s'agence avec la réceptivité dont Dieu a doté toute parcelle de l'espace. Et puisque cette réceptivité est sujette à la seule sagesse divine, la limitation elle-même devient une contrainte dans la liberté ou, pourrait-on dire, une étroitesse dans la largesse. C'est à cause de cette miséricorde absolue que nous sommes amenés à ressentir l'existence de notre libre arbitre propre et ce sentiment nous oblige d'en faire bon usage.

Faire bon usage de sa liberté revient à choisir Dieu et seulement Lui. Si nous Le choisissons en toute certitude de pensée, de parole et d'action, Il nous dote de davantage de liberté de choix. Si nous faisons un mauvais usage de notre libre arbitre en choisissant autre que Lui, Il restreint notre liberté en vue de nous enseigner comment en faire bon usage dans le futur. L'usage personnel de notre liberté est un don gracieux de Dieu, tandis que nos abus sont la manifestation de Sa sagesse, c'est-à-dire, la préparation à recevoir ce don. Tout ceci s'agence d'une manière tellement subtile que cela ne nous trouble ni n'affecte notre existence.

La tendance à préférer sa propre personne plutôt que Dieu n'est due qu'à l'ignorance, mais l'ignorance n'est pas une donnée permanente. À chaque moment, nous en émergeons et accédons à davantage de connaissance. On peut alors se demander pourquoi nous ne fûmes pas créés connaissants, évitant ainsi les maux de l'ignorance, le mauvais usage de la liberté et le châtiment qui s'ensuit ? C'est que le châtiment est le prix à payer pour accéder à la liberté car celle-ci relève de la responsabilité, donc de l'engagement personnel à assumer les conséquences d'un acte, bon ou mauvais.

Dieu créa certaines créatures connaissantes et incapables de commettre des fautes, ce sont les anges. Mais ceux-ci ne sont pas libres et donc imparfaits. À ceux-ci, Dieu préfère les êtres humains justement à cause de leur faculté de faire le bien et le mal. En d'autres termes, pour leur capacité d'apprendre. À ce sujet, le prophète disait : «*Si vous persistez à commettre des fautes sans les regretter, Dieu vous substituera un autre peuple que vous qui commettra des fautes mais qui les regrettera afin de mériter Son pardon*». Les pécheurs qui se repentent apparaissent donc comme l'objectif privilégié de la perspective divine de l'univers car leur devenir est la liberté, la liberté parfaite qui est la qualité de Dieu le Magnifique.

Chaque être dont la liberté est limitée est susceptible de devenir non seulement libre, mais libre parfaitement, et chaque être ignorant est susceptible de devenir non seulement connaissant mais parfaitement connaissant. Dieu dit : «*toi, l'homme qui t'évertues si fort vers ton Seigneur, alors tu Le rencontreras*» (LXXXIV, 6). Et aussi : «*pensiez-vous que Nous vous ayons créés en pure gratuité, et que de vous-mêmes il ne Nous fût pas fait retour ?*» (XXIII, 115). Rencontrer Dieu et retourner à Lui ne se fait pas en parcourant des distances mais plutôt par la convergence des qualités de la créature vers celles du Créateur. C'est pourquoi nous avons affirmé que la prédestination est une miséricorde absolue. C'est un pur bien, à la fois dans l'immédiat et dans le futur lointain.

Viendra le temps où l'ignorance cessera, par la prédestination émanant de la grâce de Dieu. Le prophète fait référence à cela lorsqu'il dit : «*'Auriez-vous dépendu de Dieu comme il le faut et entièrement qu'Il vous aurait soutenu à la manière dont Il soutient les oiseaux ; vous auriez ainsi appris tout ce qu'il y a à apprendre, ce que personne ne fît'. Les compagnons lui dirent : 'Même pas toi ?' Et le prophète répondit : 'Même pas moi'. Ils dirent : 'Nous pensions que les prophètes accédaient à toute chose'. Et il répondit : 'Dieu est par trop grand et important pour que quiconque puisse connaître l'entièreté de ce qu'Il peut enseigner'*».

Lorsque moins d'ignorance et davantage de connaissance prévaudront, le mal régressera et le châtiment sera suspendu pour ceux qui en sont l'objet, dans le domaine désormais appréhendé par leur connaissance.

Le châtiment n'est pas un principe fondateur en religion, c'est une simple nécessité transitoire accompagnant nos débuts imparfaits et nous incitant à gravir les échelons de l'évolution jusqu'à ce que nous apprenions suffisamment pour nous en passer. À ce moment, le châtiment disparaîtra et l'âme pourra se manifester dans toute sa gloire et toute sa majesté.

Toute âme est susceptible d'émerger à terme des souffrances de l'enfer et d'aller au paradis. Un tel terme peut être long ou court suivant le besoin de chacun en expérience. Ainsi, tout destin a une échéance et toute échéance prendra fin tôt ou tard.

C'est dès lors une erreur monumentale de penser le châtiment en enfer comme étant sans fin car on conçoit ainsi le mal comme un principe fondateur de l'existence, ce qu'il n'est pas. Si le châtiment était éternel, il serait la vengeance d'une âme rancunière, manquant totalement de sagesse. Et, vraiment, Dieu est bien au-delà de cela.

12. Le destin (*al-qadhâ'*) et le sort (*al-qadar*)

Il y a ce qu'on appelle le secret du sort (*sirr al-qadar*) qui est la fine extrémité du destin (*al-qadhâ'*). Le Coran y fait allusion lorsqu'il dit : «*Quant à Nous, toute chose Nous avons créée à la mesure, Notre décret ne fait qu'un (avec son objet), comme l'éclair du regard*» (LIV, 49-50). Le destin est désigné ici par «le décret qui fait un avec son objet». Il se trouve hors du temps et de l'espace comme l'entend la métaphore de «l'éclair du regard».

Le sort est, quant à lui, la mise en vigueur du destin et sa projection dans le temps et dans l'espace, graduellement, lentement et de manière évolutive.

Le destin et le sort font l'objet d'un autre verset : «*Dieu abolit ce qu'Il veut, ou le confirme : Il tient le Livre original*» (XIII, 39). La phrase «Dieu abolit ce qu'Il veut, ou le confirme» se réfère au sort, c'est-à-dire, à l'évolution à travers les formes d'existence successives. Nous avons déjà mentionné précédemment le fait que la vie évolue à travers différentes formes, dans le but de devenir aussi bien établie en forme qu'elle ne l'est en essence, quête qui se poursuit indéfiniment, hélas, sans jamais aboutir. La phrase «Il tient le Livre original» fait référence au destin, autrement dit au secret du sort.

Les questions du destin et du sort sont également mentionnées par allusion dans le verset suivant : «*il n'est rien dont Nous ne possédions les réserves, et Nous n'en faisons rien descendre que selon une mesure déterminée*» (XV, 21). La phrase «Nous n'en faisons rien descendre que selon une mesure déterminée» se réfère au sort alors que «il n'est rien dont Nous ne possédions les réserves» fait allusion au destin, donc au secret du sort.

Le sort est une zone duale au sein de laquelle le bien et le mal, la connaissance et l'ignorance, se côtoient, mais le destin est une zone d'unité où le mal cesse d'exister et seul le pur bien demeure, qui se trouve auprès de Dieu, donc en infinité. Ceci était bien connu des maîtres soufis comme étant le secret du sort. Mais ils ne l'exprimaient pas comme tel, car pour eux, il n'était pas opportun de le dévoiler vu les contraintes du moment (*ḥukm al-waqt*) et les exigences de leur propre discipline.

Toute créature a deux antériorités (*sâbiqa*) : une dans le destin et une autre dans le sort. L'antériorité dans le destin est un pur bien pour toutes les créatures alors que l'antériorité dans le sort relève soit du bien soit du mal et est dissimulé aux gens, bien qu'il puisse être indiqué par la postériorité, qui est l'état – bien ou mal – d'un individu particulier dans la vie quotidienne. La connaissance de la postériorité de l'individu n'est pas cachée aux intuitifs qui discernent les vices de l'application de la *sharî'a* dans la vie quotidienne. Dieu a déjà envoyé des messagers pour dévoiler la postériorité en détaillant la *sharî'a* tout en gardant l'antériorité dans le secret de Son «Registre protégé» (*al-lawḥ al-maḥfûz*), rejetant ainsi la charge sur Sa création et l'obligeant à observer les permissions et interdictions de la *sharî'a* «*afin que les hommes ne puissent opposer à Dieu aucun argument après (la venue) des envoyés*» (IV, 165).

Dieu a dit : «*En vain disent-ils : 'Si le Tout miséricorde l'eut voulu, nous n'aurions pas adoré (de faux dieux)' ; de cela ils n'ont pas la moindre science, ils se bornent à des suppositions*» (XLIII, 20). Ils ne possèdent aucune connaissance de ce qu'est la volonté de Dieu car celle-ci leur est cachée, mais ils connaissent par contre Sa loi, la *sharî'a*, et son injonction à n'adorer que Dieu. «Ils se bornent à des suppositions» car ils ne lient pas l'entièreté de leur vie quotidienne à Dieu. Ils ne Lui lient que les domaines relevant du culte, de par leur peu de foi dans la vie future.

Lorsque l'âme découvre le secret du sort et devient certaine que Dieu est pur bien, elle s'en remet à Lui, L'accepte, se rend et se soumet, se libère ainsi de la peur et entre en paix avec elle-même et avec les autres êtres et choses. Elle se purifie alors de toutes les mauvaises pensées, empêche ses paroles, ainsi que ses actes, de nuire à autrui. L'âme prend également conscience de sa propre unité, devient ainsi pur bien, et dissémine naturellement la douceur de ses bonnes qualités telle une fleur dissémine son odorant parfum.

À ce moment, le cœur se prosterne, pour l'éternité, devant le seuil du premier stade de la servitude envers Dieu, stade auquel l'esclave cesse d'être dirigé et devient libre par la prédestination (*taṣyîr*) qui l'a placé là où il est honoré, en lui procurant la liberté de choix. Il a obéi à Dieu jusqu'à ce que Dieu lui obéisse en réciprocité de ses actes. Il commence alors à vivre la vie de Dieu, à connaître Sa connaissance, à vouloir Sa volonté, à exercer Sa capacité, bref, à devenir Dieu.

Seulement, Dieu n'a pas de forme que l'on pourrait revêtir ni de limite que l'on pourrait atteindre. Par là, tout ce que l'homme peut en avoir est la qualité d'être sans arrêt en perfectionnement, et ce, par l'enrichissement à apporter, à chaque instant, à sa vie intellectuelle et sentimentale. Dieu dit de Lui-même : «*Tout habitant des cieux et de la terre Le sollicite, chaque jour Il s'affirme dans quelque intervention...*» (LV, 29). Ceci est l'objectif du culte. Le prophète le résuma dans la directive suivante : «*Adoptez les qualités de Dieu ; mon Seigneur se trouve sur le droit chemin*». Dieu dit également : «*Soyez des Hommes-du-Seigneur, à raison même de votre enseignement de l'Ecriture, à raison de votre étude de l'Ecriture*» (III, 79).

Au sujet de ces «Hommes-du-Seigneur», Dieu a dit : «*ils auront au sein du Seigneur ce qu'ils veulent – Telle est la récompense des bel-agissants*» (XXXIX, 34). La phrase «ils auront au sein du Seigneur ce qu'ils veulent» dit clairement qu'ils disposent du libre choix et la phrase «au sein du Seigneur» signifie qu'ils sont au stade de la servitude à Dieu, puisque seul l'esclave peut se trouver au sein du Seigneur. La phrase «telle est la récompense des bel-agissants» fait référence à ceux qui font bon usage de leur liberté en l'utilisant afin d'atteindre la servitude totale à Dieu. Comme Dieu a dit : «*Je n'ai créé les démons et les hommes que pour M'adorer*» (LI, 56).

Ici, nous sommes dans la zone des individualités, avec la *sharî'a* devenant *sharî'a fardiyya*, la loi de l'individuel, et Dieu Lui-même en appelant à Lui-même, où les esclaves sont vis-à-vis du Seigneur sans intermédiaires, sans voiles d'ombre ni de lumière. Le culte revient alors à pratiquer la servitude à Dieu et l'action consiste à bien observer l'antériorité et de lui faire coïncider la postériorité d'une manière juste et équitable. L'esclave de Dieu tente à ce stade d'être à son Seigneur ce que le Seigneur est à lui. C'est ce que Dieu veut dire par : «*Accomplissez la pesée équitablement, ne rendez pas la balance perdante*» (LV, 9). Ainsi, si l'esclave est présent au sein de son Seigneur de la même manière que son Seigneur est présent en son sein, la pesée est juste et équitable. Mais hélas ! c'est une quête qui se poursuit indéfiniment, sans qu'il soit possible d'atteindre entièrement cet objectif tellement lointain.

Nous pouvons maintenant brièvement aborder la valeur pratique du culte. Lorsque l'esclave est vis-à-vis de son Seigneur sans intermédiaires, il s'agit d'une rencontre sans voiles entre l'éphémère et l'éternel. L'éphémère signifie ici l'esprit alors que l'éternel est le cœur, également connu en tant qu'esprit caché (*bâṭin*). Les voiles sont les décombres des désirs refoulés à la surface du cœur, dus aux peurs anciennes accumulées depuis le début de l'existence humaine. C'est la souillure dont il est fait référence dans le verset suivant : «*non pas ! mais leur cœur s'est souillé de leurs propres acquis*» (LXXXIII, 14).

Un individu ne peut jamais acquérir la liberté individuelle parfaite tant qu'il est divisé en lui-même, une partie étant en conflit avec une autre. Il se doit de restaurer l'unité en son sein, pour ainsi être en paix avec lui-même, avant qu'il ne puisse tenter d'être en paix avec autrui. Car, comme le dit le dicton : «*On ne peut donner que ce que l'on possède déjà*». On est en paix avec soi-même lorsque le conscient n'est pas en conflit ou en opposition avec l'inconscient. Lorsque entre les deux parties s'établit l'unité, la complétude du cœur et la clarté de pensée s'installent. À ce moment, l'épanouissement intellectuel et sentimental est atteint et c'est la complétude de l'être.

L'unification des énergies au sein de l'être se produit lorsqu'on pense comme on veut, s'exprime comme on pense et agit comme on s'exprime. C'est ce que Dieu demande à chacun de nous quand Il dit dans le Coran : «*– Vous qui croyez, pourquoi dites-vous ce que vous ne faites pas ? c'est chose grandement haïssable à Dieu que de dire ce que vous ne faites pas*» (LXI, 2-3).

Le conflit entre le conscient et l'inconscient ne se résout qu'en appréciant l'antagonisme qui existe entre l'individu et la collectivité et entre l'individu et l'univers. Nous avons montré la supériorité de l'Islam à appréhender et résoudre ces antagonismes. La nécessité de comprendre convenablement le rapport qui unit l'individu à la collectivité, et l'individu à l'univers, dérive de la nécessité pratique de disposer d'un procédé valide et unique par lequel l'individu peut atteindre la liberté individuelle parfaite.

Les penseurs qui croient qu'admettre la prédestination (*taṣyir*) est une attitude négative se trompent. La dissimulation de ce qui est prédestiné par le sort et la révélation de ce qui est requis par la sharî'a obligent l'homme à observer de son mieux les directives et les interdictions de celle-ci et ensuite à accepter ce qui peut être prédestiné par Dieu, par dépendance et confiance en Lui. Comme disait le prophète : «*Dieu a ordonné la perfection en toute chose... Même l'abattage, vous devez l'accomplir avec un couteau bien aiguisé pour ne pas trop faire souffrir les bêtes*».

En fait, accomplir son devoir immédiat de la meilleure manière possible est le plus positif des comportements, «car Dieu a ordonné la perfection en toute chose», tout en acceptant le résultat quel qu'il soit, sans perdre courage face à l'échec ni se laisser emporter par la joie devant la réussite. Dieu nous éduque et nous discipline lorsqu'Il dit : «*Point d'accidents qui adviennent sur la terre ou en votre personne sans figurer au Livre avant que Nous ne les suscitions – Ce qui est à Dieu bien facile. –(Cela) pour que vous ne vous affligiez pas de ce qui vous a manqué, ni n'exultiez de ce qu'Il vous a donné – Dieu n'aime pas l'orgueilleux qui s'illusionne non plus que ceux qui font preuve d'avarice, ou recommandent l'avarice à autrui, ou font volte-face. – Dieu est Celui-qui-se-suffit, le Très-digne-de-louange*» (LVII, 23-24).

13. Conclusion

En conclusion, le rapport de l'individu à l'univers n'est pas plus pétri d'animosité et d'hostilité que de luttes et de batailles incessantes.

L'homme est à la fois le meilleur fruit de l'univers et sa crème, un roi qui doit régner sagement, avec compétence et justice. Dieu, dans Sa grâce, a permis à l'homme de devenir son lieutenant sur terre et Il le prépare à cette lieutenance par l'éducation et la sage guidance. L'ignorance de l'homme le fait imaginer qu'il est l'objet d'une hostilité plus ou moins constante et il se met donc à mener des batailles sans objet et à développer des conflits sans utilité. Il ne peut honorer cette lieutenance avant d'avoir dépassé ces animosités, constaté qu'il est au-dessus de l'antagonisme et débarrassé son cœur de tout à l'exception de l'amour et de la compassion. Dieu aime toute création : les gaz, les liquides, les pierres et les métaux, les plantes, les animaux, l'homme, les anges et les démons. Tout fut créé par volonté (*'irâda*), dont le radical *rayada* forme également le mot amour (*rîda*). L'homme ne peut être le lieutenant de Dieu sur Sa création avant que son coeur ne soit assez ample pour aimer toute création, dans toutes ses formes et toutes ses couleurs, et d'en disposer sagement et de manière constructive.

Le plus grand obstacle à l'amour, c'est la peur. Elle a été source de toutes les défaillances du comportement humain à travers les âges. L'homme ne méritera pas d'être le lieutenant de Dieu sur terre, ou de régner convenablement sur son royaume, s'il est assailli par elle. Le seul moyen efficace de libérer l'homme de ses peurs, c'est l'Islam. Par l'Islam, l'homme entre en paix avec lui-même, avec son Seigneur et avec tous les êtres et toutes les matières. Dieu dit : «*–Vous qui croyez, entrez en masse dans la paix* [silm], *gardez-vous de suivre les pas de Satant, il est pour vous un ennemi déclaré*» (II, 208). *Silm*, qui signifie «paix», signifie également «Islam», c'est-à-dire «soumission à Dieu». Il nous est conseillé de nous garder «de suivre les pas de Satan» qui incite à l'animosité et à la haine entre nous, l'animosité étant notre «ennemi déclaré».

Chapitre 4

L'Islam

Dans les chapitres précédents, nous avons abordé le rapport reliant l'individu à la collectivité, et l'individu à l'univers, en philosophie et en Islam, cherchant à découvrir en Islam les réponses que la philosophie n'a pu nous apporter. Maintenant que Dieu nous a fait don de ces réponses, nous pouvons tenter de découvrir la base sur laquelle nous nous tenons.

1. Qu'est-ce donc que l'Islam ?

Le mot «islam» provient du verbe *'aslama* qui signifie «se rendre» et «se soumettre». L'Islam, en vérité, est reddition et soumission, la vérité étant entendue comme la prime nature non corrompue des choses (*al-fiṭra*). Dieu expose cette signification lorsqu'Il dit : «*– Aspirent-ils à une religion autre que celle de Dieu, alors qu'à Lui se soumettent tous les habitants du ciel et de la terre, bon gré mal gré, et qu'il sera fait d'eux à Lui retour ?*» (III, 83). La religion, dans ce contexte, fait référence à la manière d'être, au comportement, à la voie à suivre. La religion de Dieu signifie la voie tracée par Dieu à Sa création, la prime nature non corrompue de la création.

Cette prime nature non corrompue est la soumission à Dieu, à qui «se soumettent tous les habitants du ciel et de la terre, bon gré mal gré, et [à qui] il sera fait d'eux [...] retour». L'Islam, dans ce sens, est la religion de toutes les créatures, l'homme y compris, au commencement, à la fin et dans l'intervalle.

N'ayant pas admis cependant de voir les créatures se soumettre sans volonté, la miséricorde divine insuffla à l'avant garde de ces créatures qui est l'homme, l'illusion qu'il en était distinct. Cette illusion, à l'origine aussi bien de son malheur immédiat et de son bonheur ultime, ne pouvait entrer en jeu sans la volonté d'être libre dont Dieu dota l'homme. Il y fait allusion dans le verset suivant : «*Nous proposâmes le dépôt aux cieux, à la terre et aux monts : ils déclinèrent de s'en charger, tant ils en éprouvaient de transe. L'homme, lui, s'en est chargé... – Par comble d'ignorance et d'iniquité*» (XXXIII, 72). La phrase «par comble d'ignorance et d'iniquité» est en fait une éloge sous forme de blâme. En effet, en garantissant loyauté et fidélité à la parole donnée, l'homme fut honoré par ce dépôt. Dieu dit : «*Mais Nous sommes généreux envers les Fils d'Adam, Nous les transportons sur la terre et sur la mer, Nous Leur attribuons bien des choses bonnes et les privilégions sur beaucoup d'autres de Nos créatures...*» (XVII, 70).

Dans le verset suivant , Dieu nous parle de cette illusion de l'homme qui croit être l'exception face aux autres créatures : «*– Dieu : ne vois-tu pas vers Lui se prosterner les hôtes des cieux, les hôtes de la terre, le soleil et la lune, les étoiles, les montagnes, les arbres, les animaux, beaucoup parmi les hommes, tandis que sur beaucoup d'autres le châtiment s'impose ? –Celui que Dieu humilie, nul ne peut l'honorer. Dieu opère ce qu'Il veut*» (XXII, 18).

Le verbe «se prosterner» a de multiples significations, il se réfère notamment au consentement à la contrainte de la Volonté. Le consentement de l'homme est similaire à celui de la matière inerte. Le terme fait également référence à la prosternation de la dévotion lorsque le verset parle de «beaucoup parmi les hommes». Ces derniers sont ceux qui se prosternent par dévotion. La partie suivante du verset se réfère à ceux qui s'y refusent : «sur beaucoup d'autres le châtiment s'impose», non pas parce qu'ils n'ont pas consenti à la contrainte de la Volonté – ce qu'ils firent en fait – mais leur consentement ne fut pas accepté de leur part dans la mesure où ils devaient se prosterner par dévotion – ce qu'ils ne firent pas.

La soumission signifie également soumission en servitude à Dieu, mais cette soumission n'a jamais été entièrement accomplie et ne le sera jamais, parce que, tout comme son opposé, la divinité (*ar-rubûbiyya*), elle est infinie. Mais les pionniers de l'humanité, que sont les prophètes annonciateurs de la vérité, ont accompli divers degrés de cette soumission. Le verset «*– Voici deux adversaires, qui s'opposent à propos de leur Seigneur*» (XXII, 19) fait référence au dévot lui-même et indique que la personnalité humaine est divisée entre l'apparent (*ẓâhir*) et le caché (*bâṭin*). Il affirme donc que la soumission en servitude totale à Dieu n'a jamais été accomplie car, étant de nature duale, l'âme humaine demeurera pour toujours divisée, alors que la servitude absolue est réservée à la singularité, mais loin s'en faut !

La soumission par dévotion est un moyen d'atteindre la soumission de servitude. Dès que l'homme se soumet volontairement à la contrainte de la Volonté, avec intelligence, compréhension et appréciation, à la différence des matières inertes, il dissipe alors l'illusion, se libère de l'emprisonnement et chemine de l'ignorance vers la connaissance, du malheur vers le bonheur. C'est à cette soumission suprême que Dieu se réfère dans le verset suivant : «*Quoi de plus beau, en religion, que de soumettre sa face à Dieu, outre le bel-agir, et de rallier la cohorte d'Abraham, en croyant originel, Abraham que Dieu élut pour intime ami ?*» (IV, 125). La subtilité réside ici dans l'expression «outre le bel-agir». C'est également le cas dans un autre verset que voici : «*Tandis que celui qui soumet à Dieu sa face, agit bellement, s'agrippe à l'anse très sûre... –Dieu qui est la fin de toute chose*» (XXXI, 22). Le «bel-agir» est la clé des deux versets car toute matière inerte se soumet également à Dieu mais pas de manière intelligente et consciente. De fait, sa soumission n'a aucune pertinence, elle est en simple accord avec la Volonté de Dieu mais ne répond pas à Son approbation. Celle-ci est réservée aux seuls êtres humains au bénéfice desquels Dieu envoya des messagers, comme nous l'avons dit précédemment.

Ainsi, l'Islam est la religion de l'humanité. Elle s'accommode de l'illusion humaine inspirée par la volonté d'être libre jusqu'à ce que l'homme soit éclairé, graduellement et à la longue, par la sagesse confirmée pour finalement atteindre l'Islam conscient.

L'Islam, religion de l'humanité, s'est développé parallèlement à l'essor et à l'évolution de la raison et l'a accompagnée au cours de sa maturation, de ses débuts primitifs à sa fin sage et mature.

L'Islam, en tant que religion de l'humanité, est également la religion de Dieu mentionnée dans le verset cité plus haut : «–*Aspirent-ils à une religion autre que celle de Dieu, alors qu'à Lui se soumettent tous les habitants du ciel et de la terre, bon gré mal gré, et qu'il sera fait d'eux à Lui retour ?*» (III, 83). L'Islam, religion de l'humanité, est aussi décrit dans le verset suivant : «*Qui soupire après une religion autre que l'Islam, cela de lui ne sera point accepté, et dans la vie dernière, il sera parmi les perdants*» (III, 85). La phrase «et dans la vie dernière, il sera parmi les perdants» signifie que les tentatives de l'homme peuvent échouer, il sera finalement réduit à la soumission après plusieurs tentatives infructueuses. Un autre verset revêt la même signification : «*La religion en Dieu est l'Islam. Ceux qui avaient déjà reçu l'Ecriture ne divergèrent qu'après avoir reçu la connaissance, et par mutuelle impudence. –Quiconque dénie les signes de Dieu, Dieu est prompt à en demander compte*» (III, 19).

Dans «La religion en Dieu est l'Islam», la préposition «en» ne se réfère ni au temps ni à l'espace puisque Dieu n'est contenu ni dans l'un ni dans l'autre. Elle a trait plutôt au domaine de la perfection dans l'absolu. Car l'Islam ultime, religion de l'humanité, côtoie dans sa marche l'Islam des éléments. Néanmoins, il exige en plus du genre humain une soumission consciente et en toute connaissance de cause, mais loin s'en faut !

La phrase «Ceux qui avaient déjà reçu l'Ecriture ne divergèrent qu'après avoir reçu la connaissance, et par mutuelle impudence» signifie, entre autres, que les Gens du Livre ne diffèrent que par leurs systèmes légaux (<u>sh</u>arî'a). En fait, la religion est fondamentalement une, seules les lois diffèrent. Dieu dit : «*Les hommes ne formaient qu'une communauté unique. Alors Dieu envoya les envoyés leur porter la bonne nouvelle et leur donner l'alarme. Avec eux, Il faisait descendre l'Ecrit porteur de Vérité pour décider entre les hommes sur l'objet de leurs différends*» (II, 213). À l'époque de leur ignorance primitive, les hommes ne formaient qu'une seule et même nation et Dieu fit «descendre l'Ecrit porteur de Vérité», c'est-à-dire le précepte selon lequel «il n'est de dieu que Dieu» (*lâ ilaha illâ allah*) ainsi que la loi la plus adaptée à leur communauté et celle du culte. La différence apparût alors et ce, ajoute le Coran, «pour décider entre les hommes sur l'objet de leurs différends».

En ce qui concerne l'unité de la religion, le Coran note que «*À Dieu appartient tout ce qui est dans les cieux et sur la terre. À vous comme à ceux qui avant toi ont reçu l'Ecrit, Nous recommandons de se prémunir. Si vous déniez, à Dieu n'en revient pas moins tout ce qui est dans les cieux et sur la terre. – Dieu est Suffisant-à-Soi, Très-digne-de-louange*» (IV, 131). La phrase «À vous comme à ceux qui avant toi ont reçu l'Ecrit, Nous recommandons de se prémunir» signifie que Dieu demande à l'homme d'affirmer qu' «il n'est de dieu que Dieu», profession de foi qui représente l'ultime degré dans la crainte de Dieu. C'est en fait la «parole qui prémunit» dont il est fait référence dans le verset suivant : «*Lors Il mit la virulence au cœur des dénégateurs, la virulence du paganisme, tandis que Dieu faisait descendre Sa sérénité sur Son envoyé et sur les croyants, et les contraignait à la parole qui prémunit : ils y avaient le plus de droit, ils en étaient les plus dignes. – Dieu est de toute chose Informé*» (XLVIII, 26). Le dire du prophète est également à noter dans ce contexte : *«Le meilleur que nous ayons apporté, moi et les prophètes avant moi, c'est 'il n'est de dieu que Dieu'».*

Toujours au sujet de l'unité de la religion, Dieu dit : *«Pour vous Il a édicté en fait de religion ce qu'à Noé Il recommanda, et Notre révélation à toi, et ce que Nous avons recommandé à Abraham, à Moïse, à Jésus : 'Accomplir la religion ; n'en point faire matière à division'... Pour énorme que paraisse aux associants ce à quoi tu les convies, Dieu élit à Lui qui Il veut, guide vers Lui le résipiscent»* (XLII, 13). La phrase «Pour vous Il a édicté en fait de religion ce qu'à Noé Il recommanda» signifie que Dieu expose la religion qu'Il a édictée à Noé et, auparavant, à Adam. Et ce faisant, Il nous la recommande également. Cette injonction ne fait pas référence à la loi (*sharîʿa*), mais plutôt au monothéisme (*tawḥîd*) sur lequel la *sharîʿa* est fondée. Il en est ainsi car, alors que le *tawḥîd* est un, la *sharîʿa* varie. De même, pour ceux qui croient à la multitude (le polythéisme), il est difficile d'être convié au monothéisme. C'est la manifestation du monothéisme dans la loi qui rend celle-ci susceptible d'être transgressée car le monothéisme n'est pas le propre des âmes.

L'Islam, en tant que religion, apparut avec le premier être humain, comme nous l'avons expliqué dans le chapitre consacré au rapport unissant l'individu à la collectivité. L'Islam ultime tend à côtoyer la Volonté du Seigneur, comme nous l'avons également expliqué en parlant de l'ordre créateur et de l'ordre législateur. Par conséquent, l'Islam a bien un début mais il n'a pas de fin ; sa fin est en Dieu : *«La religion en Dieu est l'Islam»* (III, 19).

Le concept du monothéisme apparut d'abord dans les croyances païennes primitives et se développa de manière plus élaborée, donnant finalement lieu aux religions monothéistes disposant de livres inspirés par Dieu, c'est-à-dire le Judaïsme et ensuite le Christianisme. L'ensemble de ce processus fut couronné par la venue de Mohammad et la révélation du Coran.

Ce concept a une structure pyramidale où la base est constituée des paganismes polythéistes les plus variés et dont le sommet est en Dieu où se trouve l'unité absolue. Il est clair que la différence entre la religion à la base de la pyramide et à son sommet est une différence de degré et non de nature.

Le concept du monothéisme surgît de la terre de la même manière que la vie évolua entre l'eau et l'argile. Son concept continua également à être partagé entre les cieux et la terre – inspiré par des forces célestes vers des sommets spirituels et ensuite réduit et modéré par des facteurs terrestres, élargissant ainsi la base et réduisant le sommet de la pyramide. Cet élargissement de la base est la préparation à un nouveau sommet, plus élevé que le précédent, en réponse à la prochaine inspiration céleste. La religion passe donc par des moments de révélation séparés par des intervalles de relâchement.

De cette manière, ce concept fondamental ne cesse d'évoluer le long de l'échelle de la perfection, comme la vague se déplace entre crête et creux, chaque crête étant plus haute que la précédente et chaque creux plus profond, jusqu'à ce que la spiritualité terrestre approche le seuil des cieux. La révélation divine toute entière se trouve donc maintenant sur terre, contenue dans le Coran, et attend d'être mise en oeuvre.

2. La trilogie islamique

Avec la venue de Moïse et la révélation de la Torah aux fils d'Israël, le concept islamique entrait dans une nouvelle phase, celle des religions du Livre, regroupant le Judaïsme, le Christianisme et l'Islam, avec la Torah pour les juifs, l'Evangile pour les chrétiens et le Coran pour les musulmans.

Cette nouvelle phase se distingue par une ampleur sans précédent de la législation religieuse. Toutes les lois révélées à Moïse sont attribuées à Dieu. La législation religieuse révélée par le Dieu unique tendait à organiser la vie de la société dans chacun de ses détails, petits et grands, et de manière exhaustive. Pour la première fois dans l'histoire, la foi monothéiste apparaissait accompagnée d'une loi organisatrice à large échelle. Vient alors Jésus et le Nouveau Testament. Ensuite, la trilogie islamique fut accomplie avec l'envoi du tout dernier prophète, Mohammad. Le Coran relate cette histoire :

«C'est Nous qui avons fait descendre la Torah, où il y a guidance et lumière, pour que les prophètes se soumettant à Dieu jugeassent selon les normes entre les adeptes du Judaïsme ; et aussi les spirituels et les docteurs, en tant qu'ils sauvegardaient l'Ecriture de Dieu et en témoignaient : ... 'N'ayez pas peur des hommes ; ayez peur de Moi... Ne vendez pas Mes signes à vil prix'... – Qui ne juge pas selon ce que Dieu a fait descendre... voilà les dénégateurs. – Nous leur avons prescrit : âme pour âme, œil pour œil, nez pour nez, oreille pour oreille, dent pour dent ; compensation pour les blessures ; quiconque à titre d'aumône (renoncerait à la compensation) cela vaudrait pour lui expiation... – Qui ne juge pas selon ce que Dieu a fait descendre... voilà les iniques. Nous mîmes sur leurs traces Jésus fils de Marie, en tant qu'avérateur de ce qui était en cours de la Torah, et Nous lui conférâmes l'Evangile, où il y a guidance et

lumière, ... en tant qu'avérateur de ce qui était en cours de la Torah, que guidance et qu'édification pour ceux qui se prémunissent. Que les adeptes de l'Evangile jugent selon ce que Dieu y a fait descendre. –Qui ne juge pas selon ce que Dieu y a fait descendre... voilà les scélérats. – Enfin Nous avons fait descendre sur toi l'Ecrit, dans le Vrai, pour avérer ce qui était en cours des Ecritures, en l'englobant. Juge entre ceux par ce que Dieu a fait descendre, ne te laisse pas entraver par leurs passions hors du Vrai... À chacun de Vous, Nous avons ouvert un accès, une avenue. Si Dieu avait voulu, Il aurait fait de vous une communauté unique : mais Il voulait vous éprouver en Ses dons. Faites assaut de bonnes actions vers Dieu. En Lui, pour vous tous, est le retour. Il vous informera de ce qu'il en est de vos divergences» (V, 44-48).

Moïse fut envoyé au treizième siècle avant J-C, à une époque où la société était encore primitive et rudimentaire, l'individu belliqueux et acariâtre, l'esprit encore empreint de son expérience de la jungle. La Torah l'exhorta alors à être juste en se conformant à la compensation : œil pour œil, dent pour dent. Mais la Torah invita l'homme, par grâce, à pardonner. Voici ce que le Coran nous en rapporte : «*–Nous leur avons prescrit dans la Torah : âme pour âme, œil pour œil, nez pour nez, oreille pour oreille, dent pour dent ; compensation pour les blessures ; quiconque à titre d'aumône (renoncerait à la compensation) cela vaudrait pour lui expiation*» (V, 45). Dieu dédommage donc de Sa grâce celui qui pardonne et abandonne son droit de compensation contre son offenseur pour l'outrage dont il a été victime. C'est ce que le Coran entend par «*C'est Nous qui avons fait descendre la Torah où il y a guidance et lumière*» (V, 44). La guidance est la loi et la lumière représente la morale qui est l'aspect raffiné de la loi, dépassant l'obligation légale pour atteindre l'engagement volontaire et personnel de chaque individu.

La raison pour laquelle la Torah ne recommanda comme loi quasiment rien d'autre que la compensation, est que celle-ci est plus proche de la nature de l'âme humaine primitive, tant habituée aux querelles et à l'agression qu'il ne fallait pas en attendre justice et encore moins pardon. L'exemple en fut donné par les fils d'Israël de l'époque. Au meilleur de leur religion, alors que Moïse était encore parmi eux et que la victoire accordée par Dieu contre leur ennemi était encore bien présente à l'esprit, ce peuple manifestait son attachement à l'adoration du veau d'or. Le Coran raconte cet épisode de leur histoire : «*Et Nous fîmes passer aux Fils d'Israël la mer. Ils tombèrent sur un peuple assidu au culte des idoles : 'Moïse, dirent-ils, donne-nous un dieu pareil aux dieux qu'ils ont'. Moïse leur dit : 'Décidément, vous êtes un peuple de païens ! Ces gens-là, leur système est voué à la perdition, de même qu'à la nullité tout ce qu'ils font'. 'Y a-t-il un autre que Dieu, ajouta-t-il, que je puisse souhaiter pour vous comme dieu, alors qu'Il vous a élus sur les univers ?'*» (VII, 138-140).

Ces paroles les poussèrent à abandonner le veau. Mais ce fut sans conviction profonde puisqu'ils le reprirent dès que Moïse s'absenta pour répondre à l'appel de Dieu après avoir confié le commandement de son peuple à son frère Aaron. Le Coran nous dit à ce sujet : «*– Ne voyaient-ils pas que cette masse ne leur rendait nul propos, ne leur valait avantage ni dommage ? Déjà Aaron avait dit : 'O mon peuple, ce n'est là pour vous que tentation. Votre maître n'est autre que le Tout miséricorde. Suivez-moi ; obéissez à mon commandement' mais ils s'étaient dit : 'Nous ne lui cesserons nos dévotions que Moïse ne soit de retour'*». (XX, 89-91).

Beaucoup de passages du Coran font référence au caractère rudimentaire et primitif des juifs de l'époque et à leur passivité à chaque fois qu'une progression spirituelle leur était offerte. Ces attitudes sont bien typiques de cet ancien stade de développement. Pourtant, les juifs étaient alors les élites de l'humanité : «*Dieu élut Adam et Noé, et la famille d'Abraham, et celle de 'Imrân sur les univers*» (III, 33). Les juifs faisaient partie de la famille d'Abraham et de celle de 'Imrân ; «*en tant qu'ils descendaient les uns des autres – Dieu est Entendant, Connaissant...*» (III, 34).

Quoi qu'il en soit, l'arrivée des lois de la Torah fut l'extrémité de départ, à une époque où, en appliquant ces lois, les juifs étaient encore sous l'influence des croyances païennes si longtemps vécues en Egypte, ce qui accentua davantage le caractère primitif de celles-ci.

Arriva ensuite Jésus avec des commandements qui, en réaction, propulsèrent les gens vers l'autre extrémité, celle de la fin. Ce phénomène n'est pas isolé. Il est éprouvé par tout itinérant spirituel, quel qu'il soit. Aux prémisses de son cheminement spirituel, l'individu est fermé car son esprit est voilé par l'obscurité. Au fur et à mesure qu'il commence à pratiquer les méthodes du prophète, jeûnant de manière continue pendant trois jours et deux nuits ou pendant sept jours et six nuits, tout en priant, particulièrement la prière du dernier tiers de la nuit, l'esprit qui se trouvait enfermé dans l'obscurité est propulsée vers l'autre extrême. Si cette méthode est maintenue durant une période suffisante, l'esprit devient de plus en plus illuminé et libéré, continuant cependant de fluctuer, comme un pendule, entre des éclairs de lumière et d'obscurité. L'idéal est le parfait équilibre, mais, hélas, ce dernier reste inaccessible car il relève du domaine ascensionnel, là où «*Son regard n'a pas dévié, non plus qu'outrepassé*» (LIII, 17).

Ce trinôme naissant chez l'itinérant spirituel reflète la trilogie des trois religions : Judaïsme, Christianisme et Islam. Dans ce sens, le processus de développement d'un être humain résume l'histoire de la société humaine dans son ensemble. C'est pourquoi Jésus vint avec une spiritualité excessive contrastant la matérialité immodérée des juifs de l'époque. Jésus dit à ses disciples : «*Ne pensez pas que je sois venu abolir la loi ou les prophètes. Je suis venu, non pour abolir, mais pour avérer*» (Matthieu V, 17). C'est ce à quoi le Coran fait référence dans les versets suivants : «*Nous mîmes sur leurs traces Jésus fils de Marie, en tant qu'avérateur de ce qui était en cours de la Torah, et Nous lui conférâmes l'Evangile, où il y a guidance et lumière, ... en tant qu'avérateur de ce qui était en cours de la Torah, que guidance et qu'édification pour ceux qui se prémunissent*» (V, 46). Jésus avère donc ce qui précède et l'Evangile confirme ce qui précédait dans la Torah. Comme il le dit, il ne contrarie pas mais réaffirme, développe et élabore des concepts qui n'étaient pas entièrement appréhendés auparavant de par l'ordre du temps et des circonstances. Jésus fit avancer les concepts et les principes religieux jusqu'à leur finalité ou presque.

Ecoutons le enseigner ses disciples : «*Vous avez entendu qu'il a été dit : 'œil pour œil, dent pour dent'. Or moi je vous dis, ne vous opposez pas au mal ; mais quiconque vous gifle sur la joue droite, présentez-lui la gauche*» (Matthieu V, 38-39). Jésus vint à une époque où les juifs étaient soumis à l'autorité des Romains et où la loi judaïque était, de ce fait, inopérante à bien des égards. Dès lors, le message de Jésus n'a pas abordé les considérations pratiques de la réglementation de la vie en société, mais a simplement avancé certains commandements moraux. Cette caractéristique fut renforcée par le fait que Jésus ne vécut pas longtemps, sa mission n'ayant duré que trois années.

En fait, la loi des chrétiens est celle des juifs, mais améliorée par Jésus. Cependant, ce fait n'est généralement pas appréhendé ni observé par les chrétiens.

«Et Nous lui conférâmes l'Evangile, où il y a guidance et lumière». «Guidance» signifie également ici la loi alors que «lumière» fait référence à la morale qui est l'aspect raffiné de la loi. L'Evangile s'attache à la morale beaucoup plus profondément que ne le fait la Torah. C'est pourquoi elle fait du pardon sa propre loi comme le dicte son messager. Lorsque Jésus dit «Vous avez entendu qu'il a été dit : 'œil pour œil, dent pour dent'», il fait référence à la forme la plus primitive de loi religieuse qui manquait de spiritualité. Mais quand il ajoute : «Or moi je vous dis, ne vous opposez pas au mal ; mais quiconque vous gifle sur la joue droite, présentez-lui la gauche», il exprime la règle dans sa forme extrême, excessive en spiritualité.

Enfin, avec Mohammad, vint l'Islam qui représente le juste milieu entre les deux extrêmes de la carence et de l'excès. Des trois religions, l'Islam arrive à un équilibre de la station ascensionnelle où «Son regard n'a pas dévié, non plus qu'outrepassé» cité plus haut, semblable à l'équilibre pouvant être atteint au sein du trinôme des pouvoirs inhérents à la nature humaine. Dieu dit à ce sujet : «*Ainsi vous constituons-Nous communauté médiane, pour que vous témoigniez des hommes, et que l'Envoyé témoigne de vous*» (II, 143). Qualifier la communauté de «médiane» signifie qu'elle se situe entre les deux extrêmes de la carence et de l'excès de spiritualité et «témoigner des hommes» implique le fait d'être le lieu commun des qualités humaines. De même, dans le verset suivant : «*Guide-nous sur la voie de rectitude, la voie de ceux que Tu as gratifiés, non pas celle des réprouvés, non plus que de ceux qui s'égarent*» (I, 6-7), la voie de rectitude est la voie médiane entre les deux voies extrêmes, l'une appelant la colère de Dieu pour un manque de spiritualité et l'autre menant à l'égarement de par une spiritualité extrême et excessive. «Ceux que Tu as gratifiés» sont les musulmans, comme le verset suivant l'indique : «*Aujourd'hui J'ai parachevé pour vous votre religion, parfait pour vous Mon bienfait en agréant pour vous l'Islam comme religion...*» (V, 3).

Puisque l'Islam, transmis par Mohammad, est une religion médiane entre le Judaïsme et le Christianisme, le Coran présente également des qualités de ces deux religions. Ainsi, dans le verset suivant : «*la rétribution d'une action mauvaise l'égalera en mauvaiseté. Toutefois, indulgence, conciliation : à Dieu en incombe le salaire –Dieu n'aime pas les iniques*» (XLII, 40), la phrase «la rétribution d'une action mauvaise l'égalera en mauvaiseté» correspond à l'injonction de la Torah telle qu'elle est rapportée par Jésus, «œil pour œil, dent pour dent». L'affirmation coranique, cependant, n'est pas entièrement identique car elle implique une étape supplémentaire qui consiste à déprécier la peine de la compensation, ouvrant ainsi la voie au pardon en décrivant la compensation contre un offenseur comme «mauvaise». La phrase «Toutefois, indulgence, conciliation : à Dieu en incombe le salaire – Dieu n'aime pas les iniques» est semblable à l'affirmation de Jésus citée plus haut «Or moi je vous dis, ne vous opposez pas au mal ; mais quiconque vous gifle sur la joue droite, présentez-lui la gauche», bien qu'elle ne soit pas non plus tout à fait semblable. Elle correspond plutôt aux paroles de Jésus qui recommandent : «*Aimez vos ennemis, bénissez celui qui vous maudit, faites du bien à celui qui vous veut du mal et priez pour celui qui vous persécute*» (Matthieu V, 44).

Le fait que l'Islam atteigne un équilibre entre début et fin, prenant certaines des qualités des deux extrémités, suppose que l'Islam lui-même dispose de deux extrémités : l'une plus proche du début et l'autre de la fin. Cela est vrai de tout équilibre entre deux points et de l'enfant qui hérite des qualités de ses deux parents. Cet héritage peut varier en proportion mais les caractéristiques des deux parents sont toujours présentes à un degré ou un autre.

Si ces propos s'avèrent fondés – et ils le sont indubitablement – ils auront alors des conséquences d'une portée considérable pour le futur de la pensée islamique. Cela signifie, en effet, que l'Islam, tel qu'il est révélé dans le Coran, présente non pas un seul message mais bien deux : un se référant à l'extrémité du départ, plus proche du Judaïsme, et l'autre émanant de l'extrémité de la fin, plus proche du Christianisme. Le prophète délivra ces deux messages, en transmettant le Coran et en menant sa vie exemplaire. Alors qu'il détailla et élabora le premier message dans la *sharî'a*, il laissa le second en friche, excepté pour la partie de la *sharî'a* où les deux messages interfèrent. Cette partie contient donc également des détails explicatifs du deuxième message, plus particulièrement en matière cultuelle (*'ibâdât*), sauf en ce qui concerne l'aumône légale proportionnelle (*az-zakât dhâtu al-maqâdîr*)[1].

1. Voir p. 81 (N.D.T.).

Chapitre 5

Le Premier Message

Le premier message de l'Islam est celui qui fut détaillé par le système légal (*sharî'a*). C'est le message des croyants (*al-mu'minûn*), qui diffèrent des musulmans (*al-muslimûn*), bien que la différence entre les deux soit seulement de degré et non de nature. Car tout croyant n'est pas nécessairement musulman mais, à l'inverse, tout musulman est foncièrement croyant.

L'Islam est à la fois début et fin. Les idées, comme le temps et l'espace, sont de nature spirale. L'itinérant spirituel, aspirant aux degrés les plus élevés de l'Islam, escalade cette spirale spirituelle au cours de laquelle, à la fin de chaque cycle, un nouveau commence mais à un degré supérieur. La spirale de l'Islam se compose de sept degrés successifs que sont la soumission (*al-'islâm*), la foi (*al-'îmân*), le bel-agir (*al-'iḥsân*), la science certaine (*'ilm al-yaqîn*), la vision certaine (*'ayn al-yaqîn*), la vraie certitude (*ḥaqq al-yaqîn*) et, de nouveau, la soumission (*al-'islâm*) à la fin du cycle.

Le premier message de l'Islam fut uniquement adressé aux croyants. Le terme «musulmans», par lequel on les nomme souvent, n'est valable qu'au sens de l'Islam initial, aucunement au sens de l'Islam final, ultime.

Le verset coranique «*La religion en Dieu est l'Islam*» (III, 19) fait expressément référence à l'Islam ultime et certainement pas à l'Islam au stade initial. Ce dernier, proclamé lieu de refuge et de protection, put même être revendiqué à Médine par la cohorte des hypocrites (*al-munâfiqûn*) qui n'embrassaient l'Islam qu'en vue de préserver leur vie, alors qu'ils nourrissaient à l'encontre du prophète et de ses compagnons une animosité sans bornes. Ces hommes étaient tolérés car le prophète disait : «*Il m'a été demandé de combattre les gens jusqu'à ce qu'ils déclarent qu'il n'est de dieu que Dieu et que Mohammad est Son messager, qu'ils prient et payent l'aumône légale* [zakât]. *Ceci fait, leur vie et leurs biens seront saufs, à moins qu'ils ne violent la loi. Et je laisse Dieu juge de leur sincérité*».

La question de savoir pourquoi l'Islam, qui n'a pas réussi – et ne pouvait réussir – à La Mecque, là où il est né, a pu rapidement triompher à Médine, là où il a émigré, est un exemple des «semblances» sur lesquelles le Coran nous invite à méditer : «*Voilà les semblances dont Nous usons à l'intention des hommes. Mais il n'est que ceux qui savent pour en tirer raison*» (XXIX, 43).

En fait, ce n'était pas l'Islam ultime qui triomphait alors, mais l'Islam au stade de la foi (*al-'îmân*). Le Coran peut d'ailleurs se diviser en deux parties : l'une révélée à Médine et qui relève de la foi et l'autre, plus ancienne, révélée à La Mecque et qui relève de l'Islam (*al-'islâm*). Chaque partie recèle des caractéristiques textuelles propres. Ces caractéristiques montrent bien que le corpus médinois appartient au stade de la foi alors que son pendant mecquois appartient au stade de l'Islam. Ainsi, par exemple, les parties du Coran qui utilisent l'expression «O ceux qui croient», à l'exception de *al-ḥajj* (sourate XXII), sont médinoises, tout comme les versets où les hypocrites (*al-munâfiqûn*) sont mentionnés ou ceux où la guerre sainte (*jiḥâd*) est évoquée.

Le corpus mecquois, quant à lui, se distingue par plusieurs traits. Ainsi, par exemple, chaque sourate qui mentionne la prosternation ou qui s'ouvre par des lettres isolées[1] de l'alphabet est mécquoise, à l'exception de *al-baqara* et *al-ʿimrân* (sourates II et III). De même, toute sourate utilisant les expressions «O humains» ou «O fils d'Adam» est mecquoise, hormis *al-baqara* et *an-nisâ'* (sourates II et IV).

Ces exceptions sont dues au chevauchement entre les phases de la foi et celles de l'Islam. Car, comme nous l'avons fait remarquer précédemment, tout croyant (*mu'min*) est musulman

1. Voir p. 114 (N.D.T.).

(*muslim*) au sens initial mais pas nécessairement au sens ultime, alors que tout musulman du type ultime est et demeure foncièrement croyant.

Les textes mecquois et médinois diffèrent, non par la différence temporelle et spatiale de leur révélation, mais essentiellement de par l'audience qu'ils visent. L'expression «O ceux qui croient» s'adresse à une communauté particulière alors que «O humains» se destine au genre humain dans son ensemble. Le contraste entre «*Il vous est venu un Envoyé élu parmi vous-mêmes. Lourdes lui sont vos fatigues. Vous êtes sa passion. Aux croyants vont sa tendresse et sa miséricorde*» (IX, 128) et «[Dieu] *est tendre envers les hommes, Miséricordieux»* (II, 143) montre les différentes audiences que vise le Coran, en somme, la différence entre croyant et musulman.

Les hypocrites (*al-munâfiqûn*) ne furent mentionnés qu'à Médine au cours des dix années qu'y dura la révélation, mais jamais durant les treize années mecquoises de la prophétie, tout simplement car aucun hypocrite ne se trouvait à La Mecque. Les gens y étaient croyants ou incrédules et, puisqu'il n'y avait pas de coercition durant cette période, ce sont les versets d'accommodement (*al-'ismâh*) qui prévalaient. «*Appelle au chemin de ton Seigneur par la sagesse et l'édification belle. Discute avec les autres en leur faisant la plus belle part. Du reste ton Seigneur est seul à savoir de qui Son chemin s'égare, et à savoir qui bien se guide*» (XVI, 125). Beaucoup d'autres versets de la période mecquoise conseillent un tel appel pacifique.

Après l'émigration vers Médine, et l'abrogation des versets d'accommodement, les versets de coercition par le sabre prévalurent. Par exemple, «*– Une fois dépouillés les mois sacrés, tuez les associants où vous les trouvez, capturez-les, bloquez-les, tendez-leur toutes sortes d'embûches. Seulement, s'ils se repentent, accomplissent la prière, acquittent la purification* [zakât], *dégagez-leur le chemin. – Dieu est Tout pardon, Miséricordieux*» (IX, 5). Sous l'effet de la peur, devenue associée ainsi à la prêche, certains ont cherché refuge dans la pratique dite «*at-taqiyya*» qui consiste à simuler la conversion tout en dissimulant sa vraie croyance, introduisant ainsi l'hypocrisie au sein de la communauté des croyants.

La référence à la guerre sainte (*jiḥâd*) et l'élaboration de ses règles est un autre trait caractéristique du corpus médinois sur lequel il n'est pas nécessaire de s'étendre ici pour illustrer notre propos.

La prosternation, que nous avons abordée plus haut, est un des traits distinctifs du corpus mecquois car elle est inhérente à la soumission et non à la foi. Un *ḥadîth* déclare : «*Le dévot n'est proche de son Seigneur que lorsqu'il se prosterne*». Le Coran affirme également : «*prosterne-toi et de Dieu te rapproche !*» (XCVI, 19). La prosternation est ainsi une étape importante dans le développement d'un degré élevé de soumission à Dieu.

Un autre trait distinctif du corpus mecquois est l'introduction de certaines sourates par des lettres isolées de l'alphabet (lettres liminaires). Bien que cette caractéristique soit extrêmement importante en ce qui concerne l'essence même du Coran, nous allons nous limiter ici à discuter sa pertinence quant à la distinction des deux messages de l'Islam.

Quatorze lettres, soit la moitié de l'alphabet arabe, introduisent plusieurs sourates coraniques. Elles ouvrent vingt-neuf sourates où elles apparaissent en quatorze structurations, composées soit d'une seule lettre, soit d'une combinaison allant de deux à cinq lettres. Toutes ces combinaisons sont suivies de versets qui indiquent que ces lettres sont le Coran. L'exemple le plus explicite est lorsque Dieu dit aux versets 1 et 2 de la sourate II : «*A L M Voilà l'Ecrit que nul doute n'entache, en guidance à ceux qui veulent se prémunir*». Ces deux versets sont parfois accentués de manière différente. Cependant, dans l'une comme dans l'autre accentuation, l'«Ecrit» se réfère à la combinaison des trois lettres «A L M» qui introduit la sourate.

Il est utile de rappeler que la langue arabe donne aux lettres de l'alphabet le nom de *ḥurûf* (pluriel de *ḥarf*), qui signifie également la lisière d'un objet et sa limite extrême, ou encore sa partie la plus significative.

Rappelons également que les lettres de l'alphabet ont commencé à se développer aux temps immémoriaux, à partir de formes très primitives jusqu'à celles que nous connaissons aujourd'hui. Le besoin qu'a ressenti l'homme d'écrire et de communiquer a devancé son besoin de règles qui codifient la vie quotidienne de la société. Ces règles, comme nous l'avons expliqué précédemment, jugulent les impulsions de l'individu et recommandent le respect de certaines limites.

Le besoin de communiquer et de transmettre des idées fut dicté par la nécessité de vivre en société. D'une manière générale, tous les animaux ressentent cet instinct grégaire, mais seul l'homme put entièrement s'y conformer grâce à sa faculté à communiquer. Il y parvint au moyen de l'imitation des sons émis par les éléments et les êtres vivants, grâce particulièrement à l'habilité des mouvements de ses mains et de sa tête, facilitée par sa stature debout, et à ses cordes vocales développées. Cette faculté d'imitation, perfectionnée par l'homme, est à l'origine du langage oral et écrit, et a permis son développement et sa maturation jusqu'aux instruments de communication actuels quasiment parfaits.

Cette faculté d'imitation prodiguée par Dieu à l'homme est également à l'origine de l'apprentissage et du perfectionnement. En effet, le processus d'imitation suppose d'abord l'intégration de l'original, ensuite l'harmonisation des moyens utilisés, qu'il s'agisse des mains, de la tête, du visage ou des yeux. C'est grâce aux efforts déployés pour harmoniser cette gestuelle que l'esprit et le corps arrivent à s'unifier. Cette unification n'est certes pas encore atteinte mais elle ne cesse de se développer.

Bien que les deux besoins, celui de langage oral et celui de l'écriture, naquirent au même moment environ, l'homme, plus pressé par la nécessité du langage oral, développa celui-ci plus rapidement qu'il ne le fit pour l'écriture. Pour celle-ci, il dut se contenter, pendant très longtemps, de l'usage de simples signes allusifs.

L'écriture commença par le dessin d'objets et d'animaux ou l'illustration de faits à l'attention de ceux qui n'avaient pu en être témoins. Dessiner un animal faisait partie du rituel de la chasse, lié aux rituels de la foi et de la dévotion. Sans doute le chasseur pensait-il pouvoir mieux s'emparer de son gibier s'il en possédait l'image, supposant un quelconque lien entre forme et esprit.

Le processus se développa quand l'artiste commença à ne dessiner qu'une partie de l'animal, par exemple, la tête d'un taureau plutôt que son apparence entière. De telles maturations continuèrent jusqu'à ce que les lettres actuelles de l'alphabet apparaissent, à la suite d'un long et lent développement.

Le nombre de lettres composant l'alphabet varie d'une langue à l'autre. Elles sont au nombre de vingt-huit en arabe, la première étant *al-'alif* et la dernière *al-ghayn*. À cet égard, la langue arabe est le plus parfait des langages, comme nous allons bientôt l'illustrer.

Le calcul suivit un développement semblable. Il fut suggéré et favorisé par l'observation des doigts et des orteils. Le nombre dix devint la base de l'énumération puisque le mécanisme débuta en utilisant les dix doigts. Les nombres, tels que nous les connaissons aujourd'hui, ne naquirent qu'après un très long processus de développement. En fait, aux temps immémoriaux, les Romains, et avant eux les Grecs, utilisaient les lettres de l'alphabet pour compter.

Cet usage se répandit en arabe où les neuf premières lettres vinrent à représenter les unités, les neuf suivantes les dizaines et les neuf dernières les centaines. Dans cet usage, la dernière lettre de l'alphabet correspond au nombre mille. C'est pourquoi la langue arabe est le plus parfait des langages, à raison de la signification spirituelle du nombre «mille». Le Coran dit : «*Seulement un jour de ton Seigneur vaut mille ans de vos computs*» (XXII, 47). Il est également dit : «*C'est Nous qui le fîmes descendre dans la nuit grandiose Qu'est-ce qui peut te faire comprendre ce qu'est la nuit grandiose ? – La nuit grandiose vaut plus qu'un millier de mois*» (XCVII, 1-3), c'est-à-dire un millier d'années. Le Coran ajoute également : «*de par Dieu, le Maître des paliers par où les anges et les esprits montent vers Lui durant un jour qui dure cinquante mille ans*» (LXX, 3-4).

Le Coran entier est pyramidal, avec une base et un sommet, et sa signification varie de la base au sommet, du bon au meilleur, devenant de plus en plus raffinée. Les lettres de l'alphabet qui sont utilisées pour introduire certaines sourates se trouvent au sommet du Coran. Ces lettres, elles aussi, sont pyramidales et varient également d'une base à un sommet.

Les lettres de l'alphabet sont considérées selon trois catégories représentant chacune un degré différent : d'abord les lettres numériques, ensuite les lettres phonétiques puis les lettres spirituelles.

Les lettres numériques sont les vingt-huit lettres bien connues qui forment le langage apparent (*ẓâhir*). Les lettres phonétiques sont infinies et incluent ce qui est audible ainsi que ce qui n'est pas percevable par les sens ; elles constituent l'ensemble des idées que produit l'esprit conscient. Quant aux lettres spirituelles, elles sont «*la souveraineté de toute chose*» (XXIII, 88) puisqu'elles sont les propos de Dieu au sujet desquels Il affirme : «*Dis : 'Si la mer se faisait d'encre pour (écrire) le langage de mon Seigneur, elle s'y épuiserait, même si Nous en doublions l'étendue, avant que ne s'épuisât le langage'*» (XVIII, 109). Ces lettres spirituelles constituent les idées latentes au sein de l'esprit intérieur (*bâṭin*), au cœur duquel se trouve la vérité spirituelle permanente, avec la religion en lisière. C'est aux lettres numériques, phonétiques et spirituelles que le Coran fait allusion dans le verset suivant : «*Lui qui, si tu publies la parole, sait l'arcane* [as-sirr] *et ce qui est encore plus caché*» (XX, 7). La publication de la parole, autrement dit l'expression verbale, correspond aux lettres numériques ; *as-sirr*, le secret, l'arcane, correspond aux lettres phonétiques ; les lettres spirituelles correspondent à *sirr as-sirr* (le secret de la conscience), exprimé dans la phrase «ce qui est encore plus caché». Certaines de ces lettres spirituelles ne peuvent être perçues que par le septième sens.

Le verset suivant fait également référence à ces trois degrés : «*Ils suivront en ce jour le Convocateur sans détour, les voix s'abaisseront devant le Tout miséricorde, on n'entendra plus que chuchotements*» (XX, 108). Il est ici question de l'audible et de l'inaudible, en d'autres termes, de la parole articulée et de la parole pensée. Quant au secret de la conscience, il est exprimé dans le verset suivant : «*leurs faces se soumettront au Vivant, à l'Agent Suprême. Confondu sera tout porteur d'iniquité*» (XX, 111). L'iniquité signifie ici le polythéisme subtil, à savoir, le refoulement qui est responsable du partage de la personnalité humaine entre un conscient et un inconscient antagonistes et conflictuels.

À propos du refoulement, nous avons dit en l'évoquant dans les pages précédentes, qu'il est le produit de la peur, que la liberté individuelle parfaite n'est concevable qu'à la condition de se libérer de la peur et que pour se libérer de celle-ci sous toutes ses formes, la société doit s'organiser d'une manière qui garantisse à l'individu des moyens de subsistance suffisants, qui le protège contre tout abus de pouvoir et le sauvegarde face à une opinion publique fanatisée.

Nous avons également dit que pour libérer l'individu des complexes psychologiques, transmis de génération en génération depuis la nuit des temps et bien ancrés dans le subconscient, il faut l'éclairer sur son rapport avec son environnement ainsi que sur la nature réelle des liens qu'entretenaient avant lui ses ancêtres avec le leur.

Nous avons également évoqué la démarche éducative coranique, exogène puis endogène, conformément au verset suivant : «*Nous leur ferons voir Nos signes sur les horizons et dans leur âme, jusqu'à faire éclater (à leurs yeux) que c'est bien là le Vrai – Or ne suffisait-il pas que Dieu soit présent à toute chose ?*» (XLI, 53). Nous avons alors dit que l'itinérant spirituel tente d'abord d'abandonner les mauvaises actions, tout en permettant certains propos inconvenants, dans un processus graduel de perfectionnement. L'étape suivante consiste à abandonner ces propos tout en tolérant certaines idées malveillantes au niveau de l'esprit conscient. Ces idées malveillantes doivent être alors jugulées dans l'esprit conscient jusqu'à ce que la purification des pensées de l'esprit inconscient soit atteinte. À ce moment, le cœur devient sain et il est possible d'y voir en toute sérénité Dieu Tout-Puissant. À partir de ce moment, la méthode éducative endogène peut être engagée. L'itinérant spirituel est, à ce stade, en paix avec lui-même, avec son Seigneur et avec les êtres vivants et les choses. C'est l'Islam au sommet auquel Dieu exhorte les croyants lorsqu'Il dit : «– *Vous qui croyez, entrez en masse dans la paix* [silm], *gardez-vous de suivre les pas de Satan, il est pour vous un ennemi déclaré*» (II, 208). Dans ce contexte, le mot «paix» (*silm*) est l'Islam au sommet.

1. La communauté des croyants

Nous avons dit que le Coran est réparti entre foi (*al-'îmân*) et Islam (*al-'islâm*) et révélé en deux parties, l'une mecquoise, l'autre médinoise. Or, le corpus mecquois fut le premier à être révélé. Ce qui revient à dire que les gens furent d'abord invités à adopter l'Islam au sens ultime mais, lorsqu'ils échouèrent et que les faits démontrèrent qu'ils étaient en dessous de ses normes, ils furent abordés selon leurs capacités.

La norme la plus élevée fut donc mise à l'épreuve de l'expérimentation pratique. Dieu dit : «– *Que Nous vous éprouvions au point de reconnaître parmi vous ceux qui font effort, les patients : oui, mettons votre chronique à l'épreuve !*» (XLVII, 31). Cette expérimentation n'est cependant utile qu'aux humains car la connaissance de Dieu est éternelle. L'expression «ceux qui font effort» fait référence au grand *jiḥâd*, autrement dit à l'effort accompli sur soi-même. «Les patients» se réfère à l'endurance de l'état de distance par rapport à Dieu. «Mettons votre chronique à l'épreuve» suppose la mise au jour des idées qui sont refoulées dans le subconscient, ou *sirr as-sirr*, c'est-à-dire dans l'intimité des tréfonds.

Les versets qui évoquent la dénivellation de l'Islam ultime vers le niveau de la foi sont nombreux. Par exemple, «*vous qui croyez, prémunissez-vous envers Dieu de Son prémunir véritable. Puissiez-vous ne mourir qu'en esprit de soumission* [musulmans]» (III, 102). Lorsque les croyants demandèrent : «*lequel d'entre nous peut se prémunir envers Dieu de Son prémunir véritable ?*», la réponse vint dans un autre verset : «– *Prémunissez-vous envers Dieu autant que vous le pouvez, écoutez, obéissez, faites dépense, cela sera pour vous-mêmes un bien. Qui se prémunit contre l'avarice de son âme... ceux-là seront les bienheureux*» (LXIV, 16).

Lorsque le verset «– *Ceux qui croient et n'ont pas obscurci leur foi d'iniquité, ceux-là ont la sécurité, ce sont eux qui bien se dirigent*» (VI, 82) fut révélé, les gens estimèrent qu'il était trop difficile à observer et ils dirent : «*O messager de Dieu, lequel d'entre nous est inique en sa foi ?*». Ce à quoi il répondit : «*Il ne s'agit pas de ce que vous entendez par là. N'avez-vous pas entendu ce que Luqmân*[1], *le bon adorateur de Dieu, a dit : 'Mon petit, n'associe à Dieu personne. Lui associer quiconque est iniquité'* (XXXI, 13)»... Le verset cité plus haut parle donc d'incrédulité. Les croyants furent soulagés car ils savaient que, depuis leur conversion, l'incrédulité ne faisait plus partie de leur vie. En fait, le prophète ne leur expliqua le verset qu'au niveau de la foi, étant conscient que l'explication au niveau de l'Islam dans son acceptation ultime dépassait leur capacité, car «iniquité» fait alors référence au polythéisme subtil au sens mentionné dans le verset du *sirr as-sirr*. «*Leurs faces se soumettront au Vivant, à l'Agent Suprême. Confondu sera tout porteur d'iniquité*» (XX, 111).

Au sujet du verset 82 de la sourate VI cité plus haut, le prophète aurait affirmé : «*On me laissa entendre que j'étais un de ceux-là*». Le prophète n'est pas simplement un croyant parmi d'autres, il est en effet le premier des véritables soumis à Dieu : «*Dis : 'Ma prière, mon observance, ma vie, ma mort ne proposent que Dieu, Seigneur des univers Il n'a pas d'associés. C'est de cela que j'ai reçu commandement. Je suis le premier de Ceux-qui-se-soumettent'*» (VI, 162-163).

Nous avons dit que la communauté du premier message est celle des croyants. Alors que le Coran décrivait les musulmans, soumis à Dieu, déjà du temps de Moïse en tant que Juifs et du temps de Jésus en tant que Chrétiens, il les décrit du temps du premier message de Mohammad en tant que croyants (*al-*

---

1. Personnage légendaire doté d'une grande sagesse. Le Coran cite certaines de ses maximes dans la sourate XXXI intitulée d'ailleurs «Luqmân» (N.D.T.).

mu'minûn) ou «ceux qui croient». Le Coran dit ainsi : «*– Ceux qui croient, ceux qui suivent le Judaïsme, les Chrétiens, les Sabéens, quiconque croit en Dieu et au Jour dernier, effectue l'œuvre salutaire, ceux-là trouveront leur salaire auprès de leur Seigneur. Il n'est pour eux de crainte à nourrir, et ils n'éprouveront nul regret*» (II, 62). Il dit de nouveau : «*Ceux qui croient, et les tenants du Judaïsme, et les Sabéens*[1] *aussi, et les Chrétiens, à condition de croire en Dieu et au Jour dernier, et d'effectuer l'œuvre salutaire, point de crainte à nourrir sur eux, non plus qu'ils n'auront regret...*» (V, 69). Un autre verset intéressant affirme : «*Vous qui croyez, croyez en Dieu et en Son envoyé et à l'Ecrit qu'il fait descendre sur Son envoyé et à l'Ecriture que jadis Il a fait descendre. Quiconque dénie Dieu, Ses anges, Ses Ecrits, Ses envoyés, le Jour dernier, celui-là s'égare d'un égarement extrême...*» (IV, 136). Dieu les appelle donc «ceux qui croient» et les invite pourtant à plus de croyance, à plus de foi (*'îmân*).

Les versets «*vous qui croyez, prémunissez-vous envers Dieu de Son prémunir véritable. Puissiez-vous ne mourir qu'en esprit de soumission*» (III, 102) et «*– Prémunissez-vous envers Dieu autant que vous le pouvez, écoutez, obéissez, faites dépense, cela sera pour vous-même un bien. Qui se prémunit contre l'avarice de son âme ... ceux-là seront les bienheureux*» (LXIV, 16) donnent clairement non pas un seul mais deux messages différents. Le premier stipule un principe fondateur et l'autre un principe dérivé. Lorsqu'il fut démontré que le premier était impraticable, il fut postposé et l'objectif intermédiaire d'appliquer le principe dérivé prit le devant. Lorsque les conditions nécessaires à l'accomplissement de l'objectif fondateur seront réunies, c'est-à-dire lorsque les aptitudes humaines à la fois individuelles et collectives seront suffisamment matures, le principe fondateur sera restauré. C'est la raison pour laquelle les principes fondamentaux du droit musulman (*al-'uṣûl*) furent postposés au profit des codes et des

1. Les astrolâtres de la Mésopotamie (N.D.T.).

règles du droit appliqué (*al-fûrû ʿ*), ce qui constitue notre prochain développement.

2. La guerre sainte (*jiḥâd*) n'est pas un principe fondateur en Islam

Le principe fondateur de l'Islam est que toute personne est libre jusqu'à ce qu'il soit démontré, dans les faits, qu'elle est incapable de s'acquitter du devoir lié à l'exercice de sa liberté. En effet, la liberté est un droit naturel auquel correspond le devoir du bon usage de celle-ci. Dès qu'une personne fait preuve d'incapacité à remplir le devoir attaché à sa liberté, celle-ci lui est destituée, conformément à une loi constitutionnelle qui réconcilie le besoin de l'individu pour une liberté individuelle parfaite et le besoin de la communauté pour une justice sociale totale. Comme nous l'avons vu précédemment, il s'agit de la loi de la compensation (*al-mu ʿâwada*).

Pour rester fidèle à ce principe premier qui est à l'origine des autres principes fondateurs (*'aṣl al-'uṣûl*), l'Islam débutant à La Mecque, procéda par les versets d'accommodement, tels que : «*Appelle au chemin de ton Seigneur par la sagesse et l'édification belle. Discute avec les autres en leur faisant la plus belle part. Du reste ton Seigneur est seul à savoir qui de Son chemin s'égare, et à savoir qui bien se guide*» (XVI, 125). Cette méthode continua treize ans durant, au cours desquels la plus grande partie du Coran fut révélée et où beaucoup d'hommes, de femmes et de mineurs furent transformés par la nouvelle discipline. Les premiers musulmans s'abstenaient de s'opposer aux incrédules tout en endurant leurs offenses. Ils sacrifiaient leur aisance à la propagation de leur religion de manière sincère et altruiste, sans faiblir ni céder. Leur vie consistait à appeler les gens, par la belle parole et le bon exemple, à adorer Dieu avec sincérité, à nouer des liens affectifs avec les proches et à œuvrer en tout pour la conciliation et l'entente.

Dieu dit : «*Je n'ai créé les démons et les hommes que pour M'adorer*» (LI, 56). Et Il avantagea les hommes en leur donnant l'esprit, le corps et l'aisance qui leur permettent de L'adorer et d'apprécier Sa grâce. Il dit également : «*Dieu ordonne la justice, le bel-agir, la libéralité envers les proches ; Il proscrit la turpitude, le blâmable, la démesure ; Il vous sermonne, attendant de vous que vous méditiez*» (XVI, 90). De nouveau, Dieu dit de «*ne pas tuer vos enfants sous prétexte d'indigence : c'est Nous qui les pourvoirons eux et vous ; n'approchez pas de la turpitude, ou patente ou clandestine ; ne pas tuer une âme – Dieu la protège d'un interdit – si ce n'était à bon droit... – Voilà ce que Dieu vous recommande, escomptant que vous raisonniez*» (VI, 151). Tous ces préceptes furent délivrés par le Coran et transmis par le prophète et ses compagnons à travers leurs paroles et leur conduite, dans le meilleur intérêt de leur peuple.

Mais ce peuple persistait dans l'idolâtrie. Les gens continuaient à rompre les liens affectifs avec leurs proches et à enterrer vivant leurs nouveaux nés de sexe féminin, abusant donc de leur liberté et la rendant sujette à suspension. Puisque à cette époque, il n'y avait d'autre loi pour ce faire que celle du sabre, celui-ci était utilisé à cet effet. L'application de la loi évolua donc des versets d'accommodement qui stipulent : «*Lance donc le Rappel : tu n'es là que celui qui rappelle, tu n'es pas pour eux celui qui régit*» (LXXXVIII, 21-22) aux versets de coercition par le sabre «*– Seulement qui se dérobe, dénie, Dieu lui infligera le châtiment majeur*» (LXXXVIII, 23-24). Ce qui semble revenir à demander au prophète de contraindre ceux qui se dérobent et qui dénient, et de leur infliger, d'abord ici-bas par le sabre, un châtiment divin mineur avant que Dieu ne leur fasse subir Son châtiment majeur dans l'enfer. C'est ce que disent les versets suivants : «*– C'est à Nous qu'ils feront retour et ce sera encore à Nous de dresser leur compte*» (LXXXVIII, 25-26).

C'est ainsi que tous les versets d'accommodement, bien qu'ils constituent le principe fondateur et primordial, furent abrogés par les versets de coercition par le sabre (*'âyât as-sayf*) qui n'en sont pourtant que les dérivés. Cette évolution était dictée par les conjonctures temporelles et par les insuffisances de l'aptitude humaine, à cette époque, à remplir correctement le devoir lié à l'exercice de la liberté. D'où les dires du prophète : «*Il m'a été demandé de combattre les gens jusqu'à ce qu'ils déclarent qu'il n'est de dieu que Dieu et que Mohammad est Son messager, qu'ils prient et payent l'aumône légale* [zakât]. *Ceci fait, leur vie et leurs biens seront saufs, à moins qu'ils ne violent la loi. Et je laisse Dieu juge de leur sincérité*».

Certains érudits musulmans pensent que les guerres de l'Islam furent uniquement défensives, une erreur due à leur désir de réfuter les arguments de certains orientalistes selon lesquels l'Islam ne s'est répandu que par le sabre. En fait, le sabre ne fut utilisé que pour restreindre l'abus de liberté.

L'Islam utilisa l'accommodement pendant treize ans afin de propager son message à l'individu et à la collectivité. Lorsque ses destinataires échouèrent à s'acquitter correctement des devoirs liés à leur liberté, elle leur fut destituée et le prophète devint leur tuteur jusqu'à ce qu'ils accèdent à la maturité. Cependant, dès qu'ils embrassent la nouvelle religion, observent l'inviolabilité de la vie et de la propriété, et renouent des liens affectifs avec leurs proches comme ils y furent conviés, le sabre devient superflu et les abus de liberté sont pénalisés selon les nouvelles lois. C'est à cet objectif que répondent le système légal (*sharî'a*) et l'instauration d'un nouveau type de gouvernement.

Pour justifier cet usage du sabre, concevons-le comme un bistouri de chirurgien plutôt que comme un couteau de boucher. Utilisé avec suffisamment de sagesse, de grâce et de connaissance, il édifie l'individu et purifie la société. Dieu dit à ce propos : «*Oui, Nous avons envoyé Nos envoyés avec les preuves, et fait descendre avec eux l'Ecriture et la balance, pour que les hommes mettent en œuvre l'équité... Nous avons aussi fait descendre le fer, où gît pour l'homme une violence terrible, aussi bien que des avantages, et pour que Dieu sache qui Le soutient, Lui et Ses envoyés, dans le mystère – Dieu est Fort, Tout-Puissant*» (LVII, 25). «Nous avons envoyé Nos envoyés avec les preuves» fait référence aux preuves concluantes de la validité de leur message, «et fait descendre avec eux l'Ecriture» renvoie au principe qu'il n'est de dieu que Dieu. La «balance» illustre le système légal (*sharî'a*) qui se prononce entre l'individu et le Seigneur d'une part, et entre un individu et un autre, d'autre part, «pour que les hommes mettent en œuvre l'équité», c'est-à-dire la justice dans leurs rapports.

Quant à la citation «Nous avons aussi fait descendre le fer, où gît pour l'homme une violence terrible, aussi bien que des avantages», elle signifie que Dieu a promulgué le combat par le sabre afin de restreindre la liberté de ceux qui en abusent, si bien que le sabre les ramène à leur sens, leur permettant ainsi de gagner leur liberté et de jouir de leur vie. Ceci est, bien sûr, au-delà des autres avantages apportés par le fer. La partie «pour que Dieu sache qui Le soutient, Lui et Ses envoyés, dans le mystère» s'opèrera par expérience pratique pour le propre bénéfice de l'homme, car le combat est une épreuve pénible et redoutable. En d'autres termes, l'objet était de voir qui endurerait la difficulté de la guerre sur le chemin de Dieu pour assister les opprimés, par l'instauration de l'équité au sein même de chaque individu et entre lui et ses semblables. «Dieu est Fort, Tout-Puissant» implique qu'Il n'a besoin du soutien de personne et que rien ne peut être gagné de Sa part excepté de par Sa propre grâce.

Ce qui peut être gagné de Sa part, dans ce contexte particulier, c'est la victoire. Le verset cité plus haut fait ainsi référence de manière subtile à un autre verset : «*Vous qui croyez, si vous assistez Dieu, Il vous assistera, confortera votre foulée*» (XLVII, 7). Donc, si nous assistons la cause de Dieu en assistant Ses prophètes afin d'appliquer l'équité, Dieu nous assistera en nous donnant la victoire sur nous-mêmes, c'est-à-dire sur notre âme inférieure. En d'autres termes, si nous nous levons pour la cause de Dieu dans le petit *jiḥâd* (combat), Il nous assistera et nous accordera victoire dans le grand *jiḥâd* (maîtrise de soi) pour lequel l'on se trouve impuissant sans l'aide de Dieu, et sans qui la victoire ne peut être assurée. Il «confortera votre foulée» signifie tranquillité et paix d'esprit sans négliger, bien sûr, le courage physique nécessaire au combat.

Dans le traitement des affections d'ordre spirituel, il est sage de commencer par des moyens doux et de ne recourir à des mesures plus tranchées qu'en cas d'absolue nécessité, car «*on ne doit recourir au cautère qu'en dernier lieu*» comme dit l'adage. Dans cette vie, subir la mort par le sabre n'est qu'un avant-goût de la souffrance de l'enfer dans la vie prochaine, puisque les deux douleurs châtient l'incrédulité. Quiconque ajoute à sa propre incrédulité l'incitation des autres à mécroire et à dénier le chemin de Dieu doit être neutralisé avant qu'il ne prenne les armes pour imposer sa volonté à tous. Dieu dit : «*Les dénégateurs prodiguent leurs biens pour intercepter le chemin de Dieu. Qu'ils les prodiguent donc, après quoi ils n'en tireront qu'amertume et, pis que cela, seront vaincus. Les dénégateurs seront rassemblés dans la Géhenne pour que Dieu discrimine le bon du pernicieux, amoncelle le pernicieux, en fasse un bloc à reléguer dans la Géhenne : ce sont bien eux les perdants ! Dis aux dénégateurs que s'ils en finissent, Notre indulgence leur sera acquise pour les faits antérieurs. S'ils recommencent... eh bien ! le système des anciens est passé ! Ainsi donc, faites-leur la guerre, jusqu'à ce qu'il n'y ait plus de trouble, et que toute religion n'aille qu'à Dieu. S'ils en finissent... —Dieu voit clair sur leurs actions*» (VIII, 36-39).

Lorsque l'on considère l'expression les «dénégateurs seront rassemblés dans la Géhenne pour que Dieu discrimine le bon du pernicieux», on peut aisément comprendre que la cause de la souffrance est l'incrédulité sans quoi il n'y aurait pas de souffrance. «*—Qu'aurait à faire Dieu de vous châtiez si vous Lui vouez croyance et reconnaissance ? —Dieu est Reconnaissant, Connaissant*» (IV, 147). L'extrait «faites-leur la guerre, jusqu'à ce qu'il n'y ait plus de trouble» du verset cité plus haut signifie qu'il ne peut y avoir d'incrédulité, ni propagation de celle-ci, ni déni du chemin de la foi. «Que toute religion n'aille qu'à Dieu» reflète l'objectif fondateur du combat. Dieu dit : «*Ton Seigneur a décrété que vous L'adoriez Lui seul*» (XVII, 23). Ceci est le dessein qu'Il accomplira, et cela, fût-ce même contre le gré des dénégateurs.

Dans un autre verset, Dieu dit : «*— ainsi combattez-les jusqu'à ce qu'il n'y ait plus trouble, et que la religion soit rendue à Dieu —cependant s'ils en finissaient... —alors plus d'offensive, sinon contre des iniques*» (II, 193). Les iniques sont de deux niveaux. Au premier, se retrouvent ceux qui adorent une autre divinité que Dieu et qui persistent dans cette voie, alors qu'au second, sont ceux qui se soumettent et obéissent à Dieu mais qui transgressent les droits de leurs semblables et qui sont injustes envers eux. Le verset décrète que la liberté de ceux qui en abusent soit restreinte, proportionnellement au degré d'abus : pour les incrédules, c'est la loi de la guerre et la dureté du fer tandis que pour les transgresseurs, c'est la loi de la paix et la fermeté résolue en matière de droits. C'est la signification de l'expression «alors plus d'offensive, sinon contre des iniques».

L'ajournement des principes fondateurs en faveur des principes dérivés implique une dénivellation de l'*'islâm* (soumission) vers l'*'îmân* (foi). C'est ce qu'indique le verset suivant : «*Et Nous avons fait vers toi descendre le Rappel pour que tu explicites aux humains ce qui à plusieurs reprises était vers eux descendu : Nous les engagions ainsi à réfléchir*» (XVI, 44). L'expression «Nous avons fait vers toi descendre le Rappel» fait référence à l'entièreté du Coran, incluant les principes fondateurs – la soumission – ainsi que les principes dérivés – la foi. «Pour que tu explicites aux humains ce qui à plusieurs reprises était vers eux descendu» implique de détailler par la législation et d'expliquer, de différentes manières, aux croyants ce qui a été descendu à leur niveau. «Nous les engagions ainsi à réfléchir» signifie que peut-être une telle réflexion, tout en appliquant les principes dérivés, pourrait les conduire aux principes fondateurs qu'ils étaient initialement incapables d'appliquer. Une subtile référence est faite ici à l'ascension le long des différents niveaux de l'Islam, de l'Islam initial vers le sommet au moyen de la pensée claire, la parole sage et l'acte sincère : «*Vers Lui monte la parole bonne ; l'action salutaire, c'est Lui qui l'élève*» (XXXV, 10).

Nous tirons donc de ce qui précède une conclusion de la plus extrême importance : maints aspects du système légal islamique (*sharî'a*) actuel ne sont pas des objectifs fondateurs de l'Islam. Ils reflètent tout simplement une dénivellation due aux conjonctures temporelles et aux insuffisances de l'aptitude humaine.

3. L'esclavage n'est pas un principe fondateur en Islam

Le principe fondateur de l'Islam est la liberté. Mais la religion musulmane fut révélée à une société qui intégrait l'esclavage à son ordre économique et social. C'était également une société qui démontrait dans les faits qu'elle était incapable de faire bon usage de sa liberté. Pour cette raison, ces individus se sont vus déposséder de la gestion de leurs propres affaires pour se soumettre à l'autorité d'un tuteur. Nous avons vu comment une telle situation fut à la base de la promulgation du combat du *jiḥâd* avec la règle principale que les croyants devaient observer a l'égard des incrédules. Avant toute hostilité, les croyants devaient d'abord mettre les incrédules devant l'alternative suivante : la conversion pure et simple à l'Islam ou le paiement de la capitation (*jizya*) qui leur garantissait la pratique de leur culte ainsi que la protection de leur personne et de leurs biens. À défaut d'accepter l'une ou l'autre alternative, les croyants devaient alors les combattre et, en cas de victoire, les vaincus étaient réduits en captivité, augmentant ainsi le nombres des esclaves.

Par ailleurs, la logique de l'esclavage trouve ses fondements dans le principe de la compensation (*al-mu'âwada*). Si un individu est invité à devenir l'esclave de Dieu mais s'y refuse, ce refus est le symptôme de l'ignorance et exige une période d'apprentissage. L'individu se prépare par cet apprentissage à se soumettre d'une manière volontaire à Dieu en devenant l'esclave d'un de ses semblables, apprenant ainsi l'obéissance et l'humilité, qualités qu'il convient à l'esclave. La compensation stipule ici que si une personne refuse de devenir l'esclave de Dieu, il peut être assujetti et fait l'esclave d'un esclave de Dieu, en justice et juste rétribution : «*qui aura fait un atome de mal le verra*» (XCIX, 8).

La conjoncture et les aptitudes humaines d'alors nécessitaient donc la propagation de l'Islam par des méthodes qui incluaient la mise en esclavage, une coutume héritée du temps du paganisme anté-islamique (*al-jâhiliyya*). Il n'était ni possible ni sage pour la loi d'abolir l'esclavage, à ce moment et par un simple trait de plume. Les besoins sociaux et économiques de la collectivité nécessitaient le maintien du système existant tout en l'améliorant continuellement jusqu'à l'émancipation de tous les esclaves. Cette période de développement est une transition pendant laquelle l'esclave apprend à être autonome et à gagner honnêtement sa vie au sein d'une collectivité qui a également appris, durant la même période, à abandonner l'exploitation des esclaves fondée sur l'abus de leur dignité et la négation de leur intégrité humaine, à l'instar de la période anté-islamique.

L'Islam promulgua ainsi des règles strictes en matière d'esclavage, spécifiant les devoirs mais aussi les droits des esclaves, améliorant donc leur situation par rapport au passé. L'expiation de nombreux péchés était garantie en échange de l'émancipation d'esclaves croyants et en bonne condition physique. L'Islam mit également en vigueur l'obligation du rachat (*al-mukâtaba*) par lequel l'esclave de bonne conduite était émancipé en fonction de certaines conditions. En outre, l'Islam leur prescrivit un traitement bien particulier. Le prophète a ainsi dit : «*Vos domestiques sont vos frères que Dieu a assujettis pour vous, alimentez-les donc de votre propre nourriture et vêtez-les des étoffes dont vous-mêmes vous vous vêtez*».

4. Le capitalisme (*ar-ra'sumâliyya*) n'est pas un principe fondateur en Islam

Le principe fondateur de l'Islam est la possession commune des biens et des richesses, si bien que chacun en reçoive selon ses besoins, qui s'évaluaient alors en provisions de route (*zâd al-musâfir*). Ce principe fut adopté, d'une manière exemplaire, par le seul vrai musulman de l'époque, le prophète. L'Islam, cependant, fut transmis à des gens très éloignés de ce principe et à qui aucun gouvernement n'avait jamais revendiqué un quelconque droit sur leurs biens. Il leur était même difficile de payer l'aumône légale (*zakât*) prélevée sur leurs richesses. Cette réticence fut la raison même de leur apostasie lorsque le prophète vint à mourir. C'est au sujet de telles personnes que Dieu dit :

«La vie d'ici-bas n'est que jeu, frivolité. Si vous croyez, vous prémunissez, Dieu vous donnera votre salaire, sans rien demander de vos biens, s'Il devait vous les demander, ce serait vous laisser pieds nus : vous seriez alors (réduits) à l'avarice et Il ferait éclater vos haines, vous êtes appelés, vous que voici, à faire dépense sur le chemin de Dieu. Il en est parmi vous qui font preuve d'avarice. Qui est avare, ne l'est qu'à l'encontre de soi-même. Dieu est Celui-qui-se-suffit, et vous êtes les indigents. Si vous faites volte-face, Il vous substituera un peuple autre que vous, ou mieux : qui ne vous ressemble pas» (XLVII, 36-38).

La phrase «la vie d'ici-bas n'est que jeu, frivolité» signifie qu'elle est une période d'insouciance, d'ignorance et d'irresponsabilité infantile. «Si vous croyez» en Dieu et en Son messager et «vous prémunissez», évitant l'incrédulité, le polythéisme et les péchés majeurs, «Dieu vous donnera votre salaire» pour ces bonnes actions. La phrase «sans rien demander de vos biens» signifie qu'Il ne demande pas à l'homme de Lui donner la totalité de ses biens sous forme d'aumône. «S'Il devait vous les demander, ce serait vous laisser pieds nus» signifie que s'Il exigeait cette concession, l'homme échouerait à observer cette injonction difficile et serait «alors (réduit) à l'avarice et [...] ferait éclater [ses] haines» ou exprimerait son penchant caché pour les biens matériels, la faiblesse de sa foi et son polythéisme latent. «Si vous faites volte-face, Il vous substituera un peuple autre que vous, ou mieux : qui ne vous ressemble pas» est une allusion très subtile à la venue des soumis à Dieu, véritables et supérieurs, succédant aux croyants. C'est la raison pour laquelle la législation musulmane en vigueur concernant la richesse ne reflète pas l'objectif réel de l'Islam mais introduit auprès des musulmans, graduellement et sans peine inutile, le véritable concept islamique de la propriété. Ainsi donc, et par pure grâce divine, l'aumône légale proportionnelle (*zakât al-maqâdîr*) fut introduite et devint une des cinq obligations cultuelles de l'Islam. Enfin, ajoutons également à ces considérations que le socialisme n'était pas encore connu à l'époque, il ne naîtra que bien plus tard.

5. L'inégalité entre l'homme et la femme n'est pas un principe fondateur en Islam

Le principe fondateur de l'Islam est l'égalité parfaite entre l'homme et la femme. La preuve en est donnée par leur responsabilité égale devant Dieu lors du Jour du Jugement, lorsque la balance des actes sera dressée. Dieu dit : «*Nulle âme n'acquiert rien sans contrepartie, mais nulle n'est chargée du chargement d'une autre. Et puis vers votre Seigneur s'opérera votre retour*» (VI, 164). Il dit également : «*— Ce Jour-là toute âme est rétribuée de son propre acquis. Point d'injustice en ce Jour. Dieu est prompt à dresser le compte*» (XL, 17). Ou encore : «*Toute âme de ce qu'elle se sera acquis est le gage*» (LXXIV, 38).

Mais l'Islam fut révélé à un peuple qui allait jusqu'à enterrer vivant ses nouveaux nés de sexe féminin par peur du déshonneur si elles étaient prises comme butin de guerre ou afin d'éviter la charge de devoir les nourrir en temps de sécheresse et de famine. Dieu décrit ce comportement : «*quand on annonce à l'un d'eux une fille, son visage noircit, il doit se contenir, il se cache à tous, honteux de la funeste annonce : va-t-il ignominieusement la garder, ou l'escamoter dans la poussière ? — N'est-ce pas là un odieux jugement ?*» (XVI, 58-59). Donc, la société dans son ensemble, y compris sa composante féminine d'ailleurs, n'était pas prête au bien ultime que l'Islam entendait pour les femmes. Une période de transition était nécessaire pour qu'évoluent à la fois les hommes et les femmes pris individuellement ainsi que la société dans son ensemble. Ainsi, la loi octroie à la femme la moitié de ce que l'homme obtient en héritage et son témoignage légal ne vaut que la moitié de celui d'un homme. Les femmes doivent se soumettre aux hommes — père, frères et époux : «*— Les hommes assument les femmes à raison de ce dont Dieu les avantage sur elles et de ce dont ils font dépense sur leurs propres biens*» (IV, 34). Cette première législation musulmane fut, en fait, un grand bond en avant pour les femmes, en comparaison avec leur statut anté-islamique. Néanmoins, c'était bien en-deçà de l'objectif final de l'Islam.

6. La polygamie n'est pas un principe fondateur en Islam

Le principe fondateur de l'Islam est qu'en mariage, la femme est à la parité de l'homme, sans dot ni divorce ou répudiation. L'homme entier est à la femme entière. L'interdiction de la polygamie est impliquée par le verset suivant : «*Mais si vous craignez de ne pas être justes, alors seulement une*» (IV, 3), et par celui-ci : «*Vous ne pourrez être justes envers vos épouses, même si vous y veillez*» (IV, 129). L'interdiction du divorce/répudiation est également suggérée dans le *ḥadîth* qui dit : «*La chose la plus détestable que Dieu permette est la répudiation*». L'implication subtile étant que si Dieu déteste la répudiation, Il est susceptible de l'interdire lorsque cela est possible et faisable pratiquement, car n'a-t-Il pas dit : «*Dieu toujours réalise Ses fins*» (LXV, 3).

Le refus de l'Islam, dans ses principes fondateurs, de la dot se fonde sur le fait que celle-ci représente le prix à payer pour une femme à une époque où elle ne pouvait être mariée que de trois façons : comme butin de guerre, par rapt ou par achat. En tant que telle, la dot révèle le peu de cas accordé traditionnellement aux femmes, incompatible avec la dignité et l'intégrité qui leur sont réservées par les principes fondateurs de l'Islam. Avant l'Islam, les femmes ne bénéficiaient, pour ainsi dire, d'aucune dignité ni d'aucun respect. Les relations matrimoniales ne se fondaient sur aucune considération humaine ni sur l'affection qui doit prévaloir entre époux. Un homme prenaient pour épouses dix ou vingt femmes rien que pour assurer sa procréation et sa domesticité.

Une autre caractéristique de la société anté-islamique était le fait que les femmes étaient plus nombreuses que les hommes car nombre d'entre eux périssait dans les guerres. L'Islam opta d'abord pour mettre fin à l'excès dans la polygamie, un grand pas en avant pour l'époque. Il n'était pas opportun de progresser plus avant en imposant sur-le-champ la monogamie à une société où la polygamie excessive était bien ancrée dans les mœurs.

En procédant de la sorte, l'Islam considérait que la condition d'une femme partageant son époux avec deux ou trois autres femmes, lui assurant ainsi décence, protection et subsistance, était, pour l'époque, de loin préférable à la condition de celle qui restait vieille fille (*ʿânis*), à la merci des vicissitudes et de l'outrage des ans.

L'Islam initial limita donc la polygamie à quatre femmes, selon le verset suivant : *«alors épousez ce qui vous plaira d'entre les femmes, par deux, ou trois, ou quatre. Mais si vous craignez de n'être pas justes, alors seulement une»* (IV, 3). Par ailleurs, l'impossibilité pour l'homme de maintenir l'équité entre ses différentes épouses est soulignée : *«Vous ne pourrez être justes envers vos épouses, même si vous y veillez. Du moins, n'allez pas au bout de votre penchant, jusqu'à laisser la (défavorisée) comme en l'air. Si vous vous amendez et prémunissez, Dieu est Tout pardon, Miséricordieux»* (IV, 129). Comme il était prématuré de faire accepter la justice telle qu'elle est voulue par la religion, et par la société et par l'individu, homme ou femme fût-il, cette justice fut ramenée à un niveau où elle était applicable, c'est-à-dire au niveau du système légal (*sharîʿa*). C'est pourquoi l'extrait du verset précédent qui dit : «Vous ne pourrez être justes envers vos épouses, même si vous y veillez» est suivi par : «Du moins, n'allez pas au bout de votre penchant, jusqu'à laisser la (défavorisée) comme en l'air».

Ainsi, la justice exigée dans le traitement des épouses fut exclue du domaine de l'attachement affectif pour se limiter aux seuls aspects matériels. Il est donc certain que sans la limitation de la justice au seul domaine matériel, la polygamie n'allait pas voir le jour légalement. Mais pourtant, vu la réalité des choses, cette législation était nécessaire à la société des croyants et plus particulièrement à cette période de son histoire.

Dans ce contexte, la justice est de caractère à n'être limitée que dans les conditions qui limitent également la liberté. En tant que droit, elle est liée à un devoir et quiconque échoue à reconnaître ce devoir se retrouve dénué de son droit.

Or la femme à cette époque était trop arriérée pour être l'égale de l'homme. Des facteurs multiples concourraient à la maintenir dans un tel état de dégradation. Dans ces circonstances, la limitation de la justice à son égard lui fut bénéfique. C'était un service rendu non seulement à la femme mais également à la société toute entière.

La légalité de la polygamie n'est donc considérée que comme une législation de transition vers l'égalité totale à venir entre les hommes et les femmes. C'est alors que l'attachement affectif dont parle l'extrait suivant : «Vous en pourrez être juste envers vos épouses, même si vous y veillez» sera du domaine de la justice. C'est alors également que la restriction contenue dans «si vous craignez de n'être pas justes, alors seulement une» sera d'application pour ouvrir la voie enfin à l'interdiction de la polygamie, excepté en cas de recours fondé sur des nécessités propres mentionnées par la loi et sujettes à l'avis de la partie lésée.

7. Le divorce/répudiation (*aṭ-ṭalâq*) n'est pas un principe fondateur en Islam

Le principe fondateur de l'Islam est la durée de la relation matrimoniale. Ainsi, l'épouse d'un homme est son alter ego, la manifestation de son être en-dehors de lui. Elle représente la totalité des signes extérieurs correspondant à l'être de l'homme dans les termes du verset suivant : «*Nous leur ferons voir Nos signes sur les horizons et dans leur âme, jusqu'à faire éclater (à leurs yeux) que c'est bien là le Vrai. – Or ne suffisait-il pas que Dieu soit présent à toute chose ?*» (XLI, 53). Mais nous manquons de discernement afin de choisir notre seconde moitié convenablement. Nous sommes pareils à l'aveugle, mis à l'épreuve devant une surface perforée et disposant de pions de différentes formes géométriques. Cet aveugle tente de placer le bon pion dans le trou correspondant et y arrive, de temps en temps et après divers échecs. Il se peut encore qu'il ne réussisse pas à replacer correctement le moindre pion. Dans le contexte qui nous préoccupe, cette image est même en-deçà des efforts que nous déployons en vue de choisir une épouse. L'aveugle de notre exemple est vraisemblablement plus à même de réussir le tour de force auquel il est convié que quiconque tentant de conclure mariage. Ainsi, lorsque quelqu'un échoue, et place un pion circulaire dans un trou carré, par exemple, une seconde chance doit lui être accordée. C'est pour cette seule raison que la répudiation/divorce est autorisée afin de nous donner cette seconde chance.

Quand Adam et Eve succombèrent au péché et furent expulsés du paradis, ils descendirent sur la terre séparément et commencèrent à se chercher l'un l'autre : Adam cherchait après Eve et Eve cherchait après Adam. Après beaucoup de tâtonnements et de peines, Adam trouva Eve sans réellement la trouver et Eve trouva Adam sans réellement le trouver. Depuis ce jour et jusqu'à présent, chaque Adam cherche son Eve et chaque Eve cherche son Adam. Les portes de l'égarement sont largement ouvertes tandis que celles de la guidance sont étroites. Mais grâce à Dieu, nous recevons plus de lumière chaque jour grâce à laquelle le cercle de l'égarement se rétrécit et le cercle de la guidance s'élargit. La lumière de la foi ne suffit pas pour faire le juste choix. D'ailleurs, elle n'a jamais suffi aux croyants auparavant. Mais dès que Dieu aura accompli Sa lumière et que le soleil de l'Islam se lèvera, alors l'erreur ne sera plus de mise, ni la nécessité du divorce/répudiation, puisque les promis se trouveront et que l'union parfaite sera accomplie, comme dit le Coran : «*Chacune des tribus connut son abreuvoir*» (VII, 160).

Le mariage en Islam est une relation éternelle. Il passe avant le mariage dans la loi (*sharî ʿa*). Le mariage légal selon la *sharî ʿa* est une tentative par laquelle un homme et une femme cherchent à accomplir la relation qui existait entre Adam et Eve, lorsque Eve fut extraite d'Adam : «*Humains, prémunissez-vous envers votre Seigneur. Il vous a créés d'une âme unique, dont Il tira pour celle-ci une épouse ; et de l'une et de l'autre Il a répandu des hommes en nombre, et des femmes. Prémunissez-vous envers Dieu, de qui vous vous réclamez dans votre mutuelle sollicitation, et aussi envers les matrices. –Dieu soit là-dessus votre surveillant !*» (IV, 1). Ainsi, le divorce/répudiation n'est, au fond, que l'occasion pour les conjoints d'apprendre de leurs erreurs pour ne plus les commettre. Il convient donc d'éviter l'erreur pour ne plus légitimer le divorce/répudiation.

8. Le voile (*al-ḥijab*) n'est pas un principe fondateur en Islam

Le principe fondateur de l'Islam est la liberté pour la femme de fréquenter la vie publique sans voile (*as-sufûr*). L'objectif de l'Islam est la chasteté conjugale volontaire des hommes et des femmes qui émane donc de l'intérieur et qui ne s'impose ni par des portes cadenassées, ni par des vêtements flous. Il n'y a cependant aucun autre moyen d'arriver à la chasteté volontaire que l'éducation et la discipline, ce qui nécessite une période de transition pendant laquelle la chasteté n'est concevable que par le voile, d'où son instauration par la *sharîʿa*. Le principe fondateur est à l'image de ce qui prévalait entre Adam et Eve avant le péché. Voici ce qu'en dit le Coran : « *'Toi, Adam, ainsi que ton épouse, habitez le Jardin, mangez de ce que vous voudrez, mais n'approchez pas cet arbre : vous seriez des iniques'. Alros Satan leur chuchota, de sorte à leur découvrir ce que de leurs parties honteuses leur demeurait jusque-là caché : 'Votre Seigneur ne vous a interdit cet arbre, dit-il, que pour vous empêcher d'être deux anges ou des éternels' et de leur jurer : 'Je suis pour vous le meilleur des conseillers' ainsi perfidement les faisait-il dévaler. Alors, dès qu'ils eurent goûté à l'arbre, ils découvrirent leur sexe et commencèrent à tresser dessus des feuilles du Jardin. Cependant leur Seigneur les héla : 'Ne vous avais-je pas interdit cet arbre, et prévenus que Satan est pour vous un ennemi déclaré ?' – 'Notre Seigneur, dirent-ils, nous deux, nous venons d'être iniques envers nous-mêmes. À moins que Tu ne nous pardonnes et ne nous dispenses Ta miséricorde, sûr que nous sommes des perdants entre tous'. Dieu dit : 'Descendez ! L'un de l'autre ennemi vous serez. Toutefois sur la terre vous aurez établissement, et jouissance pour un temps, vous y vivrez, vous y mourrez, et puis l'on vous en fera sortir... O Fils d'Adam, nous avons fait descendre sur vous une vêture pour cachez votre honte, et comme plumage, mais la vêture de se prémunir vaut davantage'. –Autant de signes de Dieu, destinés à vous faire méditer. O Fils d'Adam, que ne vous séduise le Satan, de même qu'il fit sortir vos parents du Jardin en leur ôtant leur vêture leur découvrir leur honte. Car il vous voit, lui et sa gent, par où vous le voyez point. Nous avons donné des satans comme protecteurs aux incroyants...»* (VII, 19-27).

La phrase «de sorte à leur découvrir» signifie leur montrer «ce qui de leurs parties honteuses leur demeurait jusque-là caché» par la vêture de lumière. La phrase «ainsi perfidement les faisait-il dévaler» signifie que Satan les conseilla indûment jusqu'à ce qu'ils pèchent. Une fois tombés, «ils découvrirent leur sexe et commencèrent à tresser dessus des feuilles du Jardin», c'est-à-dire qu'ils commencèrent à se couvrir de feuilles de figuier. À ce moment-là naquit le voile (*al-ḥijâb*). Il est dès lors la conséquence du péché et l'accompagnera jusqu'à leur disparition à tous deux, si Dieu le veut. Le verset, «O Fils d'Adam, nous avons fait descendre sur vous une vêture pour cacher votre honte, et comme plumage» signifie que Dieu a créé pour les hommes de quoi se vêtir, afin de couvrir leurs parties naturelles. La phrase «la vêture de se prémunir vaut davantage» implique que le meilleur vêtement est celui fait de foi sincère en Dieu, de chasteté et de vertu. Mais «Autant de signes de Dieu» signifie que le vêtement de coton est un des signes de Dieu et de la sagesse de la législation «destinés à vous faire méditer» sur l'état de propreté, d'innocence et de chasteté qu'Adam et Eve avaient avant de pécher et d'y aspirer de nouveau. Le dernier verset illustre clairement notre argument en ce qui concerne le voile.

Se montrer en public sans voile (*as-sufûr*) est un principe fondateur en Islam car il est en parfait accord avec le principe fondateur de liberté. Le principe fondateur de l'Islam est que tout individu est libre à moins qu'il n'abuse de sa liberté, auquel cas cette liberté est réduite conformément à une loi constitutionnelle, comme nous l'avons expliqué plus haut.

On peut voir le sens profond du voile dans le verset suivant : «*Celles de vos femmes qui commettent la turpitude, eh bien ! requérez-en contre elles le témoignage de quatre des vôtres ; s'ils en témoignent, consignez (les coupables) à la maison jusqu'à ce que les récupère la mort, ou que Dieu leur ouvre un chemin*» (IV, 15). Lorsqu'il y a des preuves suffisantes de méconduite en deçà de l'adultère, appelant à la peine prévue en cas de fornication, la femme est alors démise de sa liberté : sa faculté de se montrer en public sans voile lui est déniée et elle est maintenue à l'intérieur de la maison jusqu'à sa mort, à moins qu'elle ne bénéficie clairement de son confinement et commence à bien se conduire, c'est-à-dire à ne plus abuser de sa liberté de fréquenter la vie publique sans le *ḥijâb* (*as-sufûr*).

Le voile (*al-ḥijâb*) est donc une sanction appropriée n'intervenant qu'en cas d'abus de la liberté de fréquenter la vie publique à visage découvert (*as-sufûr*). Cette liberté est le principe fondateur en Islam.

Cependant, la législation actuelle de la *sharî'a* fait du voile une confiscation permanente de cette liberté. Certes, le législateur, procédant en vertu de la raison préventive (*sad adh-dharâ'i'*), voulait ainsi prémunir les immatures face aux conséquences très graves du découvert. Car il s'agit en effet d'une lourde responsabilité que seuls les *musulmans*, à la différence des *croyants*, sont à même d'assumer sans devoir s'assujettir à ces législations contraignantes.

9. La séparation entre les hommes et les femmes dans la vie sociale n'est pas un principe fondateur en Islam

Ce qui peut être dit de *as-sufûr* s'applique également à la mixité entre les hommes et les femmes. Le principe fondateur en Islam est la société mixte des hommes et des femmes, mais exempte de la permissivité qui afflige les sociétés mixtes de notre époque.

Les différents éléments que nous venons d'exposer montrent la divergence entre les principes fondateurs et les principes dérivés de l'Islam et comment le premier message modéra les normes du second message afin de correspondre à l'époque et aider la société d'alors à évoluer. Le premier message prend en compte les faiblesses et l'insuffisance des aptitudes humaines et, comme nous venons de l'exposer, était indéniablement nécessaire au stade initial de l'Islam.

Chapitre 6

L'ultime message de l'Islam

Le second message de l'Islam fut transmis par le prophète lui-même, mais de manière sommaire. Il n'a été détaillé qu'en ce qui concerne les chevauchements entre le premier et le second message tels que les obligations cultuelles (*ʿibâdât*) et les châtiments légaux (*ḥudûd*). Dieu dit : «*Aujourd'hui J'ai parachevé pour vous votre religion, parfait pour vous Mon bienfait en agréant pour vous l'Islam comme religion...*» (V, 3). C'est le dernier verset du Coran à être révélé. Il conclut et clôture l'ensemble des messages divins destinés à l'humanité. Le prophète le reçut puis l'adressa solennellement à sa communauté en un moment et en un lieu exceptionnels. C'était l'apogée du pèlerinage à La Mecque, le dernier qu'accomplissait le prophète, le jour du rassemblement de tous les pèlerins sur le mont ʿArafât, qui coïncidait en cette huitième année de l'Hégire avec la journée vénérée du vendredi.

Dieu agréa l'Islam pour l'humanité afin qu'elle puisse l'agréer à son tour car rien ne peut être entrepris sans être d'abord initié par Lui. Dieu ne dit-il pas : «*alors Il se repent envers eux pour qu'ils se repentent*» (IX, 118).

Beaucoup considèrent que l'affirmation «*Aujourd'hui J'ai parachevé pour vous votre religion*» implique que l'Islam lui-même fut, ce jour-là, pleinement accompli par l'humanité sur terre. Le verset «*Et Nous avons fait vers toi descendre le Rappel pour que tu explicites aux humains ce qui à plusieurs reprises était vers eux descendu*» (XVI, 44) fut également compris comme signifiant que le Coran avait été explicité de manière exhaustive et concluante. Rien, cependant, n'est plus éloigné de la vérité que cette appréciation. Le Coran n'a pu connaître d'interprétation, par exégèse ou par codification (*sharî'a*), que pour la part qui correspondait aux conjonctures dans lesquelles s'effectuait cette interprétation et qui, parallèlement, convenait également aux aptitudes humaines de l'époque.

Le Coran ne peut, en aucun cas, être explicité de manière exhaustive ni concluante. L'Islam, également, ne peut jamais être conclu. La progression en cette matière est éternelle car «*La religion en Dieu est l'Islam*» (III, 19) et être «en Dieu» implique de se situer au-delà du temps et de l'espace. La progression au sein de l'Islam au moyen du Coran est une progression vers Dieu, donc vers l'infini. En tant que tel, le Coran n'a pas été et ne pourra jamais être complètement ni de manière concluante explicité. Seule sa révélation en tant qu'Ecrit est close, son explicitation ne l'est aucunement.

C'est ainsi que l'on doit comprendre la différence entre «faire descendre» ou «révéler» et «expliciter» dans le verset cité plus haut. Selon la compréhension qui prévaut chez les érudits musulmans, ces deux notions sont synonymes. Or, la phrase «ce qui à plusieurs reprises était vers eux descendu» ne se réfère pas à l'entièreté du Coran mais seulement aux parties de celui-ci qui font l'objet d'une explicitation, c'est-à-dire le premier message et les parties où le premier et le second message se chevauchent.

Il est utile de rappeler ici que la révélation du Coran comporte des significations doubles (*mathânî*). Dieu dit à cet égard : «*Dieu fait descendre le plus beau des messages : un Ecrit analogue en ses redoublements, harmonieux en ses reploiements. Il en ont la peau qui frissonne, ceux qui craignent leur Seigneur ! Mieux : elle s'attendrit, et c'est ce que fait leur cœur au rappel de Dieu. – Telle la guidance venue de Dieu : Il en guide celui qu'Il veut ; celui qu'Il égare ne trouve pas de guide...*» (XXXIX, 23). Le mot «analogue» implique l'existence d'une certaine similarité, comme par exemple entre la base et le sommet, l'endroit et l'envers, etc. Ses significations doubles, l'une apparente (*ẓâhir*) et l'autre cachée (*bâṭin*), font référence à ses significations qui vont par paires. Chacune de ces paires représente une signification et son double. L'une est en Dieu, donc très éloignée. Son double est à la portée des gens, donc très proche.

L'entièreté du Coran procède ainsi d'une signification double : chaque verset, chaque mot et même chaque sens a une double signification. La raison en est que le Coran est le discours du Seigneur adressé à Son esclave. La similarité inscrite dans le Coran est due à la similarité qui existe entre le Seigneur et Son esclave, telle que l'affirme le prophète dans le *ḥadīth* qui dit : «*Dieu créa Adam à Sa propre image*». Cette similarité est également exprimée dans le Coran : «*Humains, prémunissez-vous envers votre Seigneur. Il vous a créés d'une âme unique*» (IV, 1). Cette «âme unique» est la propre âme de Dieu.

Ainsi, le mot «islam», par exemple, a une double signification, l'une proche, l'autre lointaine. La première est exposée dans le Coran dans le verset suivant : «*Les Bédouins disent : 'Nous croyons'. Dis : 'Vous ne croyez pas. Dites plutôt : Nous nous soumettons, tant que la foi n'a pas encore pénétré votre cœur'*» (XLIX, 14). C'est ce que nous avons appelé l'Islam initial qui, avons-nous dit, ne correspond pas au verset 19 de la sourate III «*La religion en Dieu est l'Islam*». L'autre signification de l'Islam qui est lointaine se trouve ancrée en Dieu à l'infini. Celle-ci apparaît dans le verset suivant : «*vous qui croyez, prémunissez-vous envers Dieu de Son prémunir véritable. Puissiez-vous ne mourir qu'en esprit de soumission*» (III, 102).

Il va sans dire que personne ne craint Dieu comme Il doit l'être excepté Dieu Lui-même. Craindre Dieu requiert, dès lors, une méthodologie d'ascension vers Lui à travers différents niveaux de servitude, d'humilité et de soumission. La servitude envers Dieu est infinie, tout comme Sa Seigneurie. Parfaire la servitude envers Dieu nécessite une connaissance parfaite de Dieu et ceci, Lui seul peut l'atteindre. «*Dis : 'Pas un des habitants des cieux ni de la terre n'a science du mystère, mais Dieu seul'*» (XXVII, 65). Le mystère (*al-ghayb*) fait ici référence à Dieu Lui-même, ce qui revient à dire que personne ne connaît Dieu excepté Dieu Lui-même. Dans notre livre *Traité sur la Prière*, qui peut être consulté à ce propos, nous avons montré comment la servitude équivaut à la liberté.

L'Islam est une méthode d'ascension vers la servitude. Le Coran est le Livre qui guide l'homme le long de cet itinéraire.

Cette guidance est la raison même de sa révélation, comme le verset suivant l'indique : «*Nous avons rendu le Coran facile, en vue du rappel – Seulement est-il un homme pour méditer le rappel ?*» (LIV, 17). Le Coran nous rappelle la servitude que nous avons acceptée puis oubliée : «*Et quand ton Seigneur préleva des Fils d'Adam, de leurs reins leur progéniture et les rendit témoins sur eux-mêmes : 'Ne suis-Je pas votre Seigneur, –Mais oui ! nous en témoignons', de sorte que vous ne puissiez dire au Jour de la résurrection : 'Nous n'y avons pas fait attention' ou encore : 'C'est que nos pères étaient des associants jadis, et nous étions leur progéniture, venant après eux. Allons-nous donc être abolis pour ce que faisaient les tenants du faux ?' Ainsi explicitons-Nous les signes, et peut-être qu'ils reviendront*» (VII, 172-174). L'homme reviendra donc peut-être vers Dieu, empreint de servitude et de soumission, grâce à l'Islam.

Le Coran est certainement la méthode de cheminement vers Dieu. Il est cette guidance dont parle le verset suivant : «*Nous dîmes : 'descendez-en tous. Quand vous viendra de Moi une guidance, alors qui suivra Ma guidance... –Pour eux point de crainte à se faire, non plus qu'ils n'auront deuil'*» (II, 38). Il tient donc son extrémité initiale en Dieu alors que son extrémité finale est en nous. Si nous gravissons donc correctement ses gradations, nous pourrons alors retrouver le paradis que nous avons perdu, par le péché originel, et nous élever à l'infinité. Dieu dit du Coran : «*A L M Voilà l'Ecrit que nul doute n'entache, en guidance à ceux qui veulent se prémunir*» (II, 1-2). De ceux qui se prémunissent, guidés par le Coran, Il dit : «*En revanche ceux qui se prémunissent seront dans des jardins, au bord de ruisseaux sur un siège de Vérité, chez un Roi omnipotent*» (LIV, 54-55). Ce sont les différents rangs, qui commencent au paradis, ensuite au bord de ruisseaux, puis sur un siège de vérité et finalement auprès d'un Roi omnipotent en infinité.

Ces rangs varient du paradis physique, qui est le paradis perdu par le péché, à l'Absolu dans Son infinité. Le Coran est un guide le long de cet itinéraire, d'où son caractère inexhaustible : «*Dis : 'Si la mer se faisait d'encre pour (écrire) le langage de mon Seigneur, elle s'y épuiserait, même si Nous en doublions l'étendue, avant que ne s'épuisât le langage'*». (XVIII, 109). Voilà pourquoi il est erroné de croire que le Coran peut être explicité d'une manière définitive et concluante. C'est que le Coran est Dieu en Soi (*dhât allâh*). Ce Dieu en Soi s'est permis, par pure faveur, de descendre lentement et graduellement au niveau des aptitudes des gens pour que ceux-ci puissent Le connaître. Ainsi fut-Il le Livre dans ses différentes appellations, à savoir : le Rappel (*adh-dhikr*), la Récitation ou Coran (*al-qur'ân*) et le Critère (*al-furqan*). C'est lors de cette dernière appellation qu'il fut formulé en arabe dont l'éloquence fut utilisée pour affirmer les deux autres, celle de la Récitation et celle du Rappel.

Le Coran nous a été livré en arabe afin que nous puissions comprendre le message de Dieu. Dieu dit à ce propos : «*Nous l'avons fait Coran arabe, escomptant que vous raisonniez*» (XLIII, 3). Ce verset ainsi que d'autres similaires ont induit beaucoup d'érudits musulmans à croire que le Coran lui-même est arabe, au sens où ses significations pourraient n'être appréhendées de manière exhaustive que par la connaissance de la langue arabe. Ce n'est pas le cas, comme nous l'avons expliqué plus haut lorsque nous avons discuté des lettres liminaires dans le Coran.

Du fait même de son caractère suprême, l'Islam ne fut jamais, jusqu'à présent, embrassé par aucune communauté. La communauté des musulmans n'a, à vrai dire, pas encore vu le jour. Elle est censée naître, cependant, à un moment futur de l'humanité. Le jour de sa naissance sera le jour du pèlerinage suprême. Ce jour-là, le propos divin «*Aujourd'hui J'ai parachevé pour vous votre religion, parfait pour vous Mon bienfait en agréant pour vous l'Islam comme religion...*» (V, 3) se réalisera concrètement.

En son temps, Mohammad fut le pionnier des futurs musulmans. On pourrait même dire qu'il vint à sa communauté, la communauté des croyants, du futur. Il n'était pas l'un d'entre eux, étant le seul musulman de l'époque. «*Dis : 'Ma prière, mon observance, ma vie, ma mort ne proposent que Dieu, Seigneur des univers. Il n'a pas d'associés. C'est de cela que j'ai reçu commandement. Je suis le premier de Ceux-qui-se-soumettent'*». (VI, 162-163). Voilà pourquoi un écart profond distinguait nettement le prophète de n'importe quel croyant, y compris de son inséparable compagnon, Abu Bakr[1]. Pourtant celui-ci est en tête des croyants et c'est à lui d'ailleurs que se réfère le verset : «*Dieu l'assista* [le prophète] *quand, banni par les dénégateurs avec un seul compagnon* [Abu Bakr], *tous deux se trouvaient dans une grotte*» (IX, 40).

Le prophète fit lui-même référence aux futurs musulmans lorsque, un jour, il dit à ses compagnons : «*Combien j'aspire à mes frères qui ne sont pas encore nés !*». Abu Bakr s'étonna : «*Ne sommes-nous pas tes frères, O messager de Dieu ?*». Il répondit : «*Non, vous êtes mes compagnons !*». Et il reprit : «*Combien j'aspire à mes frères qui ne sont pas encore nés !*». Abu Bakr réitéra sa question : «*Ne sommes-nous pas tes frères, O messager de Dieu ?*». Il répondit de nouveau : «*Non, vous êtes mes compagnons !*». Il s'exclama pour la troisième fois : «*Combien j'aspire à mes frères qui ne sont pas encore nés !*». D'autres compagnons lui demandèrent alors : «*Mais qui sont donc tes frères, O messager de Dieu ?*» Il dit : «*Un peuple qui vient à la fin des temps, où l'actif recevra soixante-dix fois plus de récompense*». Ils demandèrent : *«Soixante-dix fois plus que nous ou que vous ?»*. Il répondit : *«Que vous»*. Ils s'étonnèrent : *«Pourquoi ?»*. Et il leur répondit : *«Parce que vous fûtes aidés à accomplir le bien. Quant à eux, personne ne les y aidera»*.

1. Les musulmans

Les musulmans, en tant que communauté, n'ont pas encore vu le jour mais le prophète a annoncé leur venue vers la fin des temps, lorsque les circonstances seront favorables et que la promesse de Dieu sera réalisée : «*Qui soupire après une religion autre que l'Islam, cela de lui ne sera point accepté, et dans la vie*

1. Beau-père du prophète et son premier calife. Mort à Médine en 634 (N.D.T.).

dernière, il sera parmi les perdants» (III, 85). Ce jour-là, tout le monde embrassera la religion et ne trouvera aucune alternative car seule la religion est à même de fournir des réponses pertinentes à l'ensemble de nos problèmes.

Nous sommes intimement convaincus que la terre se prépare à la venue de la *sharî'a* des vrais musulmans, indispensable à l'émergence d'une nouvelle civilisation. Comme nous l'avons dit précédemment, l'humanité toute entière se trouve aujourd'hui piégée dans un désert idéologique où la civilisation occidentale égarée et en faillite laisse en quête incessante de réponses les questions ayant trait à la démocratie, au socialisme et à la liberté individuelle. Pourtant, aucune réponse n'est possible si ce n'est par une fécondation de la civilisation occidentale, ou plus précisément, du progrès matériel occidental, et d'un nouvel esprit, en bref, l'esprit de l'Islam. Car seul l'Islam est en mesure de résoudre le conflit existant entre l'individu et la collectivité et entre l'individu et l'univers, comme nous l'avons démontré.

L'appellation «musulmans» ne doit pas être confondue avec celle habituellement attribuée à la communauté musulmane actuelle. Nous avons affirmé plus haut que la dénomination de la communauté actuelle relève de l'Islam initial. En fait, la société musulmane actuelle est tout simplement la communauté des croyants. Aucune communauté jusqu'à présent n'a mérité d'être qualifiée de «musulmane». Toute mention à l'Islam en rapport avec les communautés passées fait seulement référence à l'Islam initial, excepté pour les pionniers de l'humanité qui accédèrent à l'Islam ultime ou plutôt à un certain stade de celui-ci, puisqu'il ne peut jamais être atteint entièrement. Ces pionniers sont, dès lors, les pionniers de la communauté des soumis à Dieu qui n'a pas encore vu le jour. À cet égard, Dieu dit : «– *Et tandis qu'Abraham élevait les assises de la Maison avec l'aide d'Ismaël : 'Notre Seigneur, veuille l'accepter de nous ! Tu es l'Entendant, le Connaissant. Notre Seigneur, fais aussi qu'à Ta volonté nous soyons de Ceux-qui-se-soumettent, fais de notre descendance une communauté qui se soumette à Toi. Instruis-nous sur nos rites. Repens-Toi en notre faveur. Tu es l'Enclin-au-repentir, le Miséricordieux. Notre Seigneur, dépêche parmi eux un envoyé de leur race pour réciter Tes signes, leur enseigner l'Ecrit et la sagesse, les épurer. Tu es le Tout-Puissant, le Sage'. – Eh ! qui renâclerait, sinon le sot volontaire, à la cohorte d'Abraham, Notre élu en ce monde et qui, dans la vie dernière, est assurément du nombre des justes ? Lors son Seigneur lui dit : 'Soumets-toi'. Et lui : 'Je me soumets au Seigneur des univers'. Telle fut aussi la recommandation d'Abraham à ses fils. Et Jacob : 'Mes enfants, Dieu a choisi pour vous la religion : ne mourez que vous ne soyez de Ceux-qui-se-soumettent'. –Auriez-vous été témoins du moment où la mort pressa Jacob ? Il dit à ses fils : 'Qu'adorerez-vous après moi ?' Ils dirent : 'Nous adorerons ton Dieu et le Dieu des tes pères Abraham, Ismaël et Isaac. C'est un Dieu unique. À Lui nous nous soumettons'*» (II, 127-133).

La phrase «fais aussi qu'à Ta volonté nous soyons de Ceux-qui-se-soumettent» fait référence à l'Islam ultime car Abraham et Ismaël étaient, en vérité, des soumis à Dieu. Mais la phrase «fais de notre descendance une communauté qui se soumette à Toi» indique, à court terme, une communauté musulmane au sens de l'Islam initial, qui va se développer et évoluer vers l'Islam ultime. Leurs prières sont exaucées. Abraham avertit ses fils qu'il n'est de dieu que Dieu et Jacob fit de même : «Mes enfants, Dieu a choisi pour vous la religion : ne mourez que vous ne soyez de Ceux-qui-se-soumettent», autrement dit, tenez fermement au credo et maintenez l'unicité de Dieu jusqu'à la mort. Leur réponse «Nous adorerons ton Dieu et le Dieu des tes pères Abraham, Ismaël et Isaac. C'est un Dieu unique. À Lui nous nous soumettons» fait référence à l'Islam initial.

Dieu dit également : «*et que j'inspirai aux apôtres : 'Croyez en Moi et à Mon envoyé', et ils dirent : 'Nous croyons. Témoigne que nous sommes de Ceux-qui-se-soumettent'*» (V, 111). Leur Islam est ici synonyme de foi, telle qu'elle est requise par la révélation. Dieu, dans la révélation, les convia en effet à croire. Quand ils crurent et firent cette déclaration, ils pensaient que leur foi était l'Islam, ils dirent donc : «Témoigne que nous sommes de Ceux-qui-se-soumettent». Mais ils ne se sont pas soumis à Dieu au sens de l'Islam ultime. Ils se sont simplement soumis à Dieu au sens de l'Islam initial.

Les apôtres étaient musulmans au sens de l'Islam initial, puisque le tout premier stade de l'Islam ultime requiert de sortir de la loi collective et d'accéder à la loi de l'individu. L'individualité est atteinte dès que la conformité parfaite avec la loi collective est intégrée au point de pouvoir faire bon usage de sa liberté individuelle parfaite.

L'Islam ultime relève du stade des individualités. Celles-ci ne peuvent être atteintes lorsqu'on est divisé en soi-même. Lorsque l'esprit conscient n'est plus en conflit avec l'inconscient, l'unité de l'être s'accomplit. Cette unité se caractérise par la sérénité du cœur, la clarté de pensée et la beauté du corps, réalisant ainsi une vie intellectuelle et sentimentale épanouie. «*La demeure dernière est la plénitude du vivre. –Ah ! s'ils savaient !...*» (XXIX, 64). La demeure dernière, exempte de défauts, de maladie et de mort, est en vérité l'opposé de la mort. C'est la vie parfaite.

La restauration de l'unité de l'être se résume, pour l'individu, à penser comme il le souhaite, à dire ce qu'il pense et à agir selon ses propos. Ceci est l'objectif de l'Islam : «*– Vous qui croyez, pourquoi dites-vous ce que vous ne faites pas ? c'est chose grandement haïssable à Dieu que de dire ce que vous ne faites pas*» (LXI, 2-3).

2. La société juste

Quiconque ne pourra atteindre cette fine qualité de vie que par les deux moyens que sont, d'une part, la société juste et ensuite, la méthode pédagogique scientifique que doit adopter l'individu afin de libérer ses dons naturels des peurs dont il a héritées.

La société juste est une société qui se fonde sur trois égalités : l'égalité économique, connue aujourd'hui sous le nom de «socialisme», qui suppose le partage des richesses ; l'égalité politique, appelée «démocratie», où les gens sont associés à l'exercice du pouvoir dont dépend leur vie au quotidien, et l'égalité sociale qui, dans une certaine mesure, découle du socialisme et de la démocratie et qui se manifeste par la résorption des classes sociales et de toute discrimination basée sur la couleur, la croyance, la race ou le sexe. Dans une société juste, les gens ne sont jugés que selon leurs qualités intellectuelles et morales mises à l'épreuve d'un juste comportement à l'égard d'autrui, de leur dévouement, de leur loyauté ainsi que de leur sens constant de l'intérêt public.

Le but de l'égalité sociale est de faire disparaître les classes ainsi que les inégalités entre les villes et les campagnes. Des chances égales doivent permettre à tous l'accès à la culture et à la civilisation. C'est là la condition nécessaire à la disparition des considérations qui empêchent le mariage possible entre un homme et une femme qui se sont librement choisis. C'est à ce critère infaillible que l'on doit se référer pour mesurer le degré d'avancement d'une société vers l'égalité.

Une société juste se fonde sur ces trois égalités qu'elle organise et qu'elle protège par des lois. Elle se fonde également sur une opinion publique tolérante réservant accueil et bienveillance à l'égard des personnes différentes de par leur apparence physique ou de par leur mode de comportement. La société n'en tirera que profit.

L'opinion publique produit ses jugements propres, au-dessus et par-delà la loi. Ils peuvent se révéler plus efficaces que la législation elle-même à décourager les déviants et les offenseurs. L'opinion publique peut, bien sûr, condamner toute inconduite qu'elle désapprouve mais elle doit constamment utiliser, pour ce faire, des moyens non violents car la violence n'engendre que l'une des deux attitudes suivantes : la contre violence que seuls les forts peuvent utiliser ; la résignation hypocrite à laquelle ont recours les faibles. Dans un cas comme dans l'autre, la société n'en récolte aucun bénéfice.

Il arrive cependant que l'opinion publique éprouve le besoin de donner force de loi à ses jugements ou à ses coutumes. La voie indiquée dans ce cas est celle de propositions de loi, conformément aux règles constitutionnelles comme nous l'avons déjà affirmé.

3. L'égalité économique : le socialisme (*al-'ishtirâkiyya*)

L'espace nous fait malheureusement défaut pour un examen minutieux du socialisme, nous nous proposons donc de développer ce thème dans un livre à paraître ultérieurement sous le titre *L'Islam est démocratique et socialiste*.

Le socialisme signifie que les richesses de ce monde sont partagées entre tous. Depuis la naissance de la société, le socialisme s'est développé parallèlement au capitalisme. Le capitalisme, au sein duquel règne la propriété privée, fut pendant longtemps le seul fondement de la société et a évolué jusqu'à atteindre son stade scientifique actuel. Le socialisme s'est développé de manière similaire mais beaucoup plus lentement, car le capitalisme est le prélude naturel au socialisme. Et puis, le socialisme ne peut naître et vivre que dans un état de droit qui protège les faibles tandis que le capitalisme est une émanation de la loi de la jungle, donc de la domination des plus forts. Naturellement, la loi de la jungle a toujours précédé l'ère de la justice et de la compassion.

Le socialisme, sous sa forme la plus primitive, germa de l'envie ressentie, selon notre langage populaire, par *«ceux qui n'ont rien»* envers *«ceux qui ne manque de rien»*. Ainsi, la possession d'outils ou d'armes de pierre peu encombrants, solides et tranchants, d'une caverne spacieuse et sûre ou d'une belle épouse, aimante, obéissante et bien bâtie suscita l'envie à l'origine de la lutte historique qui oppose les riches et les pauvres. Cette lutte ne cessera à moins que ne s'instaure une égalité parfaite entre tous les individus, issue du partage des richesses de ce monde.

Avant l'apparition du socialisme scientifique, le socialisme primitif organisait déjà le partage de certains biens qui ne pouvaient faire l'objet d'une propriété exclusive. Comme l'affirmait le prophète : «*Les gens sont associés en trois choses : l'eau, le pâturage et le feu*». Ceci peut être pris comme un argument solide, rendant le socialisme obligatoire lorsque les biens provenant de l'exploitation judicieuse des ressources naturelles et industrielles deviennent abondants.

Depuis que le socialisme a atteint sa phase scientifique, il y a peu, il est devenu si populaire que beaucoup s'en réclament aujourd'hui, avec ou sans trop de conviction.

Vers le début du dix-neuvième siècle, les termes «socialisme» et «communisme» (*ash-shuyû ʿiyya*) ont fait leur apparition, se rapportant à tout ce qui est relatif à la propriété immobilière commune. Robert Owen, riche industriel britannique, considéré généralement comme le fondateur du socialisme moderne, utilisa pour la première fois le terme «socialisme» autour de 1820. Owen pensait qu'il était possible d'accéder au changement social par un développement constitutionnel lent et méthodique, afin d'éviter les horreurs violentes qu'engendrent les révolutions violentes surtout quand elles sont mal préparées.

Le terme «communisme» est dérivé d'un mot latin signifiant «commun» ou «possédé en commun». Il fut utilisé pour la première fois vers 1835 par les groupes révolutionnaires clandestins français. Ces groupes tentaient de renverser la classe moyenne par la violence et d'établir un nouvel ordre économique de propriété commune et un gouvernement dirigé par la classe ouvrière.

Karl Marx formula et développa plus tard les différentes théories et pratiques du socialisme et du communisme. Il préférait le terme «communisme» pour définir son système, celui-ci étant lié au changement social violent. Sa doctrine s'est fondée sur quatre principes :

1. Le cours de l'histoire est déterminé par les forces économiques.
2. L'histoire n'est rien d'autre qu'un registre de la lutte des classes.
3. Le pouvoir n'est qu'un instrument utilisé par une classe pour en opprimer une autre.
4. La violence et la force sont les seuls moyens d'arriver à un quelconque changement social fondamental.

Selon ces principes, Marx ne cessa de critiquer les expériences socialistes menées par Owen. Il les décrivaient comme non scientifiques et irréalistes car l'histoire, à ses yeux, était déterminée par des lois scientifiques rigoureuses et inflexibles et aucun changement social fondamental n'était possible sans recours à la force et à la violence. Il méprisait la conception d'Owen selon laquelle le changement social pouvait être atteint par le corporatisme et le développement progressif. Il taxait l'approche des socialistes de «socialisme utopique» tandis qu'il qualifiait son propre système de «socialisme scientifique» ou «communisme».

Notre conception du socialisme scientifique ou du communisme est sans lieu commun avec la doctrine de Marx. Dans notre prochain ouvrage, signalé plus haut, nous allons traiter de ce point et démontrer que le socialisme de Marx est loin d'être scientifique et qu'il s'est enlisé dans une erreur fondamentale.

Le socialisme scientifique, selon nous, est fondé sur deux principes concurrents : d'abord, sur la production accrue de ressources, telles que les minéraux, les produits agricoles, les richesses animales et industrielles au moyen de la science, de la technologie et de la bonne gestion. Ensuite, sur la distribution équitable de ces richesses basée sur la détermination de revenus personnels minimums et maximums. Le revenu minimum doit être garanti à tous les citoyens, y compris les enfants, les personnes âgées ainsi que les individus incapables de travailler. Il doit être suffisant pour assurer à chacun sa dignité humaine.

Quant au revenu maximum, il ne doit en aucun cas être le multiple du revenu minimum, car un grand écart entre les deux créerait inévitablement une catégorie sociale supérieure qui irait jusqu'au point de refuser les liens de mariage avec les catégories à revenu inférieur. C'est là, rappelons-le, le critère infaillible de l'égalité au sein d'une société.

Si l'on veut augmenter la production, il est nécessaire d'interdire aux personnes, individus ou sociétés, la propriété privée des sources ou des moyens de production. Aucun citoyen ne devrait posséder un bien de manière individuelle, excepté le nécessaire vital tel une maison et un jardin environnant, des meubles, une voiture, etc. Le principe-clé étant que personne ne puisse posséder un bien qui permette l'exploitation du travail d'un citoyen afin d'accroître son propre revenu. La possession individuelle, même dans ces limites étroites, ne doit pas être une possession foncière mais plutôt une possession d'usage, car tout bien n'appartient véritablement qu'à Dieu et à la communauté dans son ensemble.

Parallèlement à l'augmentation de la production des ressources, l'équité de la distribution s'améliore et les différences se réduisent par la hausse à la fois des revenus maximum et minimum. Mais l'écart entre ces deux revenus se rétrécit graduellement afin d'atteindre l'égalité parfaite. Lorsqu'une telle égalité parfaite sera atteinte, par la grâce de Dieu et grâce à une production abondante, nous accéderons au communisme, c'est-à-dire au partage des richesses de ce monde entre tous. Le communisme ne diffère donc du socialisme qu'en degré, au sens où le socialisme est une étape dans le développement vers le communisme.

Le prophète expérimenta l'idéal communiste dans sa vie de tous les jours. C'était conforme à sa *sharî'a* au moment où celle-ci fut à la hauteur du verset de l'aumône légale maximale (*az-zakât al-kubrâ)* : «*Ils t'interrogent sur quoi faire dépense. Dis : 'L'excédent'*» (II, 219). «L'excédent» fut interprété comme tout ce qui n'est pas nécessaire dans l'immédiat. En plus, le *ḥadîth* du prophète qui évoque la vie des gens de la tribu Ash'arî[1] indique bien qu'il était en faveur de l'idéal communiste. Ce *ḥadîth* dit : «*Lorsque les Ash'arî passent par des moments de disette, ou voyagent, ils étendent un morceau d'étoffe, y placent toute la nourriture dont ils disposent et la partagent entre eux en portions égales. Ce sont les gens auxquels j'appartiens et ils m'appartiennent*». C'est le concept même de la communauté des musulmans à venir.

Cette manière de voir n'a pas échappé aux mystiques de l'Islam, les Soufis, lorsqu'ils imaginaient la terre entière et toutes ses richesses comme une table servie par Dieu pour Sa création, et recommandaient de n'emporter que les viatiques nécessaires au voyageur qui chemine vers Lui. La terre est ainsi une table

1. Tribu de l'Arabie du sud-ouest (N.D.T.).

bien garnie servie aux convives. La nourriture appartient à tous mais aucun convive n'en possède véritablement une quelconque bouchée avant de la tenir entre ses doigts et de la diriger vers ses lèvres.

Si le Coran nous parle du paradis dans les termes suivants : *«ils disent : 'Louange à Dieu. Nous avons avéré Sa promesse. De la terre Il nous a fait hériter. Nous aurons site au paradis, là où nous voudrons' – Faste salaire des agissants !»* (XXXIX, 74), c'est qu'il s'agit également d'un modèle réduit du paradis ultime qui sera réalisé sur terre lorsque, comme dit le prophète, *«la justice régnera sur terre comme auparavant régnait l'injustice»*. C'était le rêve qui chatouillait l'imagination de Marx. Mais il échoua à l'atteindre en empruntant un chemin sans issue qu'il l'a égaré. Seuls les musulmans à venir pourront suivre le chemin qu'il convient et qui les conduira à réaliser ce rêve. À ce moment, se réalisera sur terre une partie de ce que promet le verset suivant : *«tandis que les prémunis, dans des jardins et des sources : 'Entrez avec un salut, en toute sûreté'. – Nous aurons ôté de leur poitrine tout vestige de ressentiment ; en frères ils se feront face, sur des couches où ne les effleurera aucune fatigue, pour n'en être jamais bannis»* (XV, 45-48). Cette partie qui sera réalisée, c'est le communisme que doit atteindre l'Islam grâce à l'avènement de la communauté des musulmans. Ce jour-là, la terre brillera de la lumière du Seigneur, la grâce de Dieu sera déférée à ses habitants, la paix et l'amour triompheront.

4. L'égalité politique : la démocratie (*ad-dîmuqrâṭiyya*)

De nouveau, nous n'avons pas le loisir de discuter ici de la démocratie en détails, nous laissons cet examen pour notre prochain ouvrage.

Tout comme le socialisme est le produit de la lutte entre «les nantis» et «les démunis» dans le domaine matériel, la démocratie est le produit de la lutte entre ces deux mêmes extrêmes dans le domaine politique. Le but de cette lutte est, dans ce contexte, le partage du pouvoir. La démocratie est le pendant du socialisme.

Tel un oiseau qui ne peut voler d'une seule aile, la société a impérativement besoin, à la fois, de la démocratie et du socialisme.

Le socialisme, qui requiert une conscience sociale développée, est précédé par la démocratie qui, au commencement, ne peut être exercée que par quelques individus éclairés. Le socialisme scientifique nécessite également, comme substrat, les richesses du capitalisme issu du développement ainsi que les progrès techniques et technologiques modernes. Un socialisme primitif, inné, trouve cependant ses racines dans l'histoire ancienne.

La démocratie est née à Athènes, culturellement la plus avancée des cités grecques. Chacune de ces cités disposait de son propre gouvernement. Comme leur étendue était réduite, il était facile pour l'ensemble de la population de participer au gouvernement via les assemblées publiques. La démocratie grecque était, donc, une démocratie directe qui ne nécessitait pas la présence de corps législatif et exécutif que l'on retrouve dans les démocraties modernes. En Grèce, les représentants officiels étaient désignés tous les ans, selon les résultats d'un scrutin électoral. Les Athéniens pensaient en effet que la participation aux affaires de la cité relevait du droit et du devoir de chaque citoyen. Cependant, ni les femmes ni les esclaves n'étaient considérés comme des citoyens à part entière. Périclès, le plus grand orateur athénien, en parlant au nom de sa cité lors de l'oraison funèbre après la guerre contre Sparte en 430 avant J.-C., décrivait la démocratie de sa cité comme suit[1] :

«*Pour le nom [de notre régime politique], comme les choses dépendent non pas du petit nombre mais de la majorité, c'est une démocratie. S'agit-il de ce qui revient à chacun, la loi, elle, fait à tous, pour leurs différends privés, la part égale, tandis que pour les titres, si l'on se distingue en quelque domaine, ce n'est pas l'appartenance à une catégorie, mais le mérite, qui vous fait accéder aux honneurs ; inversement, la pauvreté n'a pas pour*

1. Thucydide, *La guerre du Péloponnèse*, Livre II, Paris, Les Belles Lettres, 1962, pp. 27-29 (N.D.T.).

effet qu'un homme, pourtant capable de rendre service à l'Etat, en soit empêché par l'obscurité de sa situation. Nous pratiquons la liberté, non seulement dans notre conduite d'ordre politique, mais pour tout ce qui est suspicion réciproque dans la vie quotidienne : nous n'avons pas de colère envers notre prochain, s'il agit à sa fantaisie, et nous ne recourons pas à des vexations, qui, même sans causer de dommage, se présentent au dehors comme blessantes. Malgré cette tolérance, qui régit nos rapports privés, dans le domaine public, la crainte nous retient avant tout de ne rien faire d'illégal, car nous prêtons attention aux magistrats qui se succèdent et aux lois – surtout à celles qui fournissent un appui aux victimes de l'injustice, ou qui, sans être lois écrites, comportent pour sanction une honte indiscutée.

Avec cela, pour remède à nos fatigues, nous avons assuré à l'esprit les délassements les plus nombreux : nous avons des concours et des fêtes religieuses qui se succèdent toute l'année, et aussi, chez nous, des installations luxueuses, dont l'agrément quotidien chasse au loin la contrariété. Nous voyons arriver chez nous, grâce à l'importance de notre cité, tous les produits de toute la terre, et les biens fournis par notre pays ne sont pas plus à nous, pour en jouir, que ne sont ceux du reste du monde.

(...)

Nous cultivons le beau dans la simplicité, et les choses de l'esprit sans manquer de fermeté. Nous employons la richesse, de préférence, pour agir avec convenance, non pour parler avec arrogance ; et, quant à la pauvreté, l'avouer tout haut n'est jamais une honte : c'en est plutôt une de ne pas s'employer en fait à en sortir. Une même personne peut à la fois s'occuper de ses affaires et de celles de l'Etat ; et, quand des occupations diverses retiennent des gens divers, ils peuvent pourtant juger des affaires publiques sans rien qui laisse à désirer. Seuls, en effet, nous considérons l'homme qui n'y prend aucune part comme un citoyen non pas tranquille, mais inutile ; et, par nous-mêmes, nous jugeons ou raisonnons comme il faut sur ces questions ; car la parole n'est pas à nos yeux un obstacle à l'action : c'en est un, au contraire, de ne pas s'être d'abord éclairé par la parole avant d'aborder l'action à mener».

Cette démocratie athénienne, excellemment décrite par Périclès, continua de croître et de se développer dans différentes parties du monde. Ce type de démocratie témoigne de certains principes et d'une conception particulière de la vie, qui reconnaît la dignité de l'homme et tente de gérer les affaires humaines conformément à la justice, à la vérité et à l'approbation publique. La démocratie moderne a instauré certains principes, les plus importants d'entre eux pouvant être résumés comme suit :

1. La reconnaissance de l'égalité fondamentale entre tous.
2. La valeur de l'individu est supérieure à celle de l'Etat.
3. Le gouvernement est au service du peuple.
4. La loi règne partout.
5. Les citoyens se guident par la raison, l'essai et l'expérience.
6. La majorité décide, mais les droits des minorités sont sacrés.
7. Dans l'état démocratique, les objectifs sont atteints par des moyens et des procédés démocratiques.

La démocratie, c'est d'abord un but et, ensuite, des moyens. Le but, c'est l'être humain. Les moyens sont l'ensemble des procédés et des instances du pouvoir. La démocratie n'est donc pas un simple système destiné à diriger les affaires du gouvernement, c'est une véritable ligne directrice pour se conduire dans la vie, avec comme objectif, la dignité de l'être humain et comme moyen, le reste, tout le reste. D'ailleurs, les gens ne confère de mérite à la démocratie que parce qu'elle préserve leur dignité mieux que tout autre système de gouvernement.

Certes, mais nous devons souligner d'emblée la persistance dans l'approche démocratique actuelle d'un vice, moins prononcé que celui dont souffre le système communiste marxiste, mais qui nécessite un examen minutieux de notre part. Cela sera fait dans notre prochain livre, *L'Islam est démocratique et socialiste*.

Il est établi que l'homme n'a de dignité que parce qu'il est, de tous les êtres vivants, le plus apte à apprendre et à évoluer. Il est établi également que la démocratie n'a de mérite que parce qu'elle est, de tous les systèmes de gouvernement, celui qui offre à l'homme le plus d'opportunités et de possibilités d'atteindre les degrés les plus élevés de l'honneur et de la dignité.

Or, l'homme n'apprend que de ses erreurs. C'est la méthode d'éducation idéale. Ainsi, lorsqu'une dictature dénie à l'individu le droit à l'expérience et à la possibilité d'expérimenter par lui-même, elle retarde indéniablement son épanouissement mental, intellectuel, sentimental et moral. Car un tel épanouissement ne provient que de l'exercice pratique de l'expérience, de la responsabilité face à l'erreur et de la leçon que l'on doit tirer de celle-ci pour apprendre.

Contrairement à la dictature, la démocratie admet le droit à l'erreur. Cela ne signifie pas que les individus sont encouragés à commettre des erreurs à l'envi, il s'agit plutôt de reconnaître le fait que la liberté requiert une possibilité de choix entre différents modes d'action. La démocratie implique l'apprentissage du choix, le bon choix et la correction des erreurs commises. En fait, la conduite dans tous ses aspects ainsi que le véritable bon usage de la liberté sont une suite d'actions individuelles de choix et d'expérimentation. En d'autres termes, la liberté de pensée, la liberté de parole et la liberté d'action requièrent de tout un chacun d'assumer la responsabilité de ses erreurs, en parole comme en acte, conformément à une loi constitutionnelle.

La démocratie est donc le droit à l'erreur. Le *ḥadîth* du prophète, que nous avons déjà cité précédemment, confirme cette définition : «*Si vous persistez à commettre des fautes sans les regretter, Dieu vous substituera un autre peuple que vous qui commettra des fautes mais qui les regrettera afin de mériter Son pardon*».

La dignité humaine est si chère à Dieu que la liberté individuelle n'est sujette à aucune tutelle, pas même celle du prophète malgré sa moralité irréprochable. Dieu dit : «*Lance donc le Rappel : tu n'es là que celui qui rappelle, tu n'es pas pour eux celui qui régit*» (LXXXVIII, 21-22). Ce verset fait référence ici aux polythéistes qui refusaient d'adorer Dieu et persistaient dans leur attachement aux idoles, adorant et sacrifiant en leur nom. La tutelle est refusée même au messager Mohammad, qui pourtant ne cherchait pas le pouvoir pour lui-même et que Dieu décrit dans le Coran en ces termes : «*tu es porté par un caractère magnanime*» (LXVIII, 4). Ainsi donc, aucun homme n'est suffisamment parfait pour que lui soit confié la liberté d'autrui. Mais le prix de cette liberté est la vigilance individuelle incessante afin de la sauvegarder. La liberté individuelle est bel et bien un droit fondamental auquel correspond un devoir, celui du bon usage de cette liberté.

Puisque la communauté des croyants (*mu'minûn*) était incapable de faire bon usage de la liberté individuelle dans le choix comme dans l'exercice de ce choix, le prophète devint leur tuteur afin de les préparer à la responsabilité de la liberté individuelle parfaite. En exerçant cette tutelle, il tenait à respecter leur droit à l'erreur, dès que cela était possible, sans les assujettir à une rudesse ou à des difficultés inutiles. De cette manière, il les préparait à la démocratie et à la pleine maturité. Tel était la recommandation de Dieu : «*C'est par quelque miséricorde venue de Dieu que tu te montres si accommodant à leur égard ; eusses-tu fait preuve de rudesse, de dureté de cœur, qu'ils se seraient dispersés autour de toi. Efface leurs fautes, implore pour eux le pardon, consulte-les sur la tactique. Mais quand tu auras pris ta décision, remets-t'en à Dieu. –Dieu aime ceux qui s'en remettent à Lui*» (III, 159).

C'est le verset de la concertation (*shûra'*). Ce terme, tel qu'il est mentionné, dans ce verset ou dans le suivant – «*Qui répondent à leur Seigneur, accomplissent la prière, soumettent leurs affaires à la concertation mutuelle, font dépense sur notre attribution*» (XLII, 38) – ne fait pas référence à la démocratie. C'est son principe dérivé qui est exposé ici. Il est destiné à préparer les gens à mériter la démocratie le jour où elle sera d'application.

La concertation (*shûra'*) n'est donc pas un principe fondateur, elle n'est qu'un principe dérivé. Elle n'équivaut pas à la démocratie, elle relève plutôt du style de gouvernement mis en œuvre par le souverain éclairé afin de préparer la communauté à devenir démocratique. Le principe fondateur qui a trait à la démocratie est bien celui auquel se réfèrent les versets suivants :

«Lance donc le Rappel : tu n'es là que celui qui rappelle, tu n'es pas pour eux celui qui régit» (LXXXVIII, 21-22).

De manière similaire, l'aumône légale déterminée à la proportionnelle (*zakât dhâtu al-maqâdîr*) n'est pas socialiste, elle est plutôt capitaliste. Elle se fonde sur le verset suivant : «*– Prélève sur leurs biens une aumône pour les en purifier, les épurer ; prie pour eux : tes prières leur sont apaisement. – Dieu est Entendeur, Connaissant*» (IX, 103). L'aumône légale proportionnelle n'est donc pas un principe fondateur en l'Islam, mais un principe dérivé. Sa raison d'être est de préparer les gens psychologiquement et matériellement au socialisme, dont l'avènement s'opérera en temps voulu. Le principe fondateur dont dérive le verset cité plus haut est celui qui stipule : *«Ils t'interrogent sur quoi faire dépense. Dis : 'L'excédent'»* (II, 219), comme nous l'avons expliqué précédemment.

Le second message exhorte à une élévation des principes dérivés vers les principes fondateurs, qui furent l'objet d'une dérivation afin de concorder avec les circonstances et convenir aux capacités matérielles et humaines de la société. Cette élévation des principes implique l'élévation de la législation. Celle-ci devra nécessairement trouver ses fondements dans les principes fondateurs de l'Islam. De cette manière, nous accueillerons l'ère de l'ultime message, celui du socialisme et de la démocratie, et ouvrirons la voie à la liberté individuelle parfaite, dans la pratique du culte comme dans les rapports sociaux. C'est cela le système légal (*sharî'a*) de la communauté des musulmans à venir et que la terre se prépare maintenant à recevoir. Les gens du Coran ont, dès à présent, le devoir de paver la voie pour l'avènement des *musulmans*. C'est l'objet et la raison d'être même de notre présente contribution.

5. L'égalité sociale : La résorption des classes et de la discrimination

L'égalité sociale est le type d'égalité le plus difficile à atteindre concrètement car elle nécessite la réalisation préalable de l'égalité économique et de l'égalité politique. Elle ne pourra s'accomplir qu'au prix de gros efforts d'enseignement, d'éducation et de correction afin de favoriser la transformation et le changement en ce qui est devenu congénital et inné dans le comportement humain. Ce changement dans le comportement de l'homme sera le meilleur acquis jamais atteint par l'humanité durant toute son histoire. C'est là l'objectif que propose la civilisation à caractère spirituel (*al-madaniyya*), c'est-à-dire réserver à l'homme les moyens et l'effort soutenu pour le débarrasser, à la longue, de ses penchants bestiaux et dégradants et le guider vers le niveau moral le plus élevé. C'est alors que la loi de la jungle, celle de la violence et de la domination par la force, sera remplacée par la loi de la justice, du droit et de la compassion. Les rapports humains s'en verront améliorés : le consentement remplacera la contrainte, l'équité l'exploitation, la liberté le refoulement et le sentiment sublimé par la force de l'intelligence prendra le pas sur le sentiment fruste et asséché.

Ceci dit, revenons brièvement à l'égalité sociale et laissons l'examen minutieux des questions y afférent à notre prochain livre.

L'objet de l'égalité sociale, tout comme pour l'égalité économique et politique, c'est l'individu. Comme nous l'avons dit précédemment, l'individu doit être l'objet de tout effort collectif, grâce à l'Islam et au Coran qui sont les moyens méthodiques les plus adéquats. La société, qui est la meilleure invention de l'humanité, est également un moyen pour servir l'individu.

L'individu, fin de tous les moyens, c'est l'être humain individuel en tant que tel. Pas même un fou ne peut devenir un moyen pour satisfaire un autre but. Voilà pourquoi il ne peut y avoir aucune discrimination due à la naissance, la race, la couleur, la croyance ou le sexe. Dieu dit à cet égard : «– *Humains, Nous vous avons créés d'un mâle et d'une femelle. Si Nous avons fait de vous des peuples et des tribus, c'est en vue de votre connaissance mutuelle. Le plus digne au regard de Dieu, c'est celui qui se prémunit davantage – Dieu est Connaissant, Informé*» (XLIX, 13). La phrase «le plus digne au regard de Dieu, c'est celui qui se prémunit davantage» signifie que l'attention se porte sur la connaissance et le caractère moral de l'individu. La prémunition revient, au fond, à connaître et à agir conformément à la connaissance. La phrase «Dieu est Connaissant, Informé» signifie qu'Il agit conformément à cette connaissance. Le prophète dit lui aussi : «*Tous les peuples descendent d'Adam et Adam fut créé d'argile. Le plus digne au regard de Dieu, c'est celui qui se prémunit davantage*».

L'absence de discrimination sociale envers les faibles et la résorption des discriminations entre les individus et entre les classes sont les signes infaillibles de la civilisation à caractère spirituel (*al-madaniyya*). Une société qui sauvegarde les droits des faibles, respecte leur dignité, assure aux femmes liberté, égards et honneur, protège les enfants et est prévenante, clémente et affectueuse à leur endroit, est assurément une société civilisée et avancée.

La famille est la société première. En son sein, l'individu apprend la discipline, le comportement social correct, le respect des lois et de l'autorité, la compassion, le pardon et l'amour. La famille est la mieux placée pour éduquer et préparer les individus à devenir membres à part entière d'une société réduite et de la société au sens large.

La mère est le fondement de la famille ; elle est la reine de ce petit royaume. Mais malheureusement, la place qu'elle occupe n'est généralement pas reconnue. La mère a toujours été opprimée et elle l'est encore davantage aujourd'hui. Son rôle au foyer a toujours été, et est encore, celui d'une servante. Cette situation a des conséquences funestes sur l'éducation des enfants et sur la vie de la société dans son ensemble, à tous les niveaux.

Nous avons déjà discuté de la question de l'égalité parfaite entre les hommes et les femmes. Mais nous devons insister sur le fait que toute égalité de caractère social n'apparaîtra pas de manière fortuite ni comme le résultat naturel du progrès. Elle nécessite une planification et un développement intelligent de la société, et cela ne peut se faire que par l'enseignement et l'éducation.

L'enseignement diffère de l'éducation. Le but de l'enseignement est de rendre l'individu apte à acquérir des compétences professionnelles adaptées à ses aptitudes et utiles à la société. L'enseignement fournit aux individus des compétences scientifiques, techniques, administratives et technologiques, qui assurent le progrès de la société et de la civilisation. Il dispense la spécialisation et l'organisation en vue de pourvoir aux besoins de la société. Une distinction entre les hommes et les femmes ainsi qu'entre les hommes eux-mêmes se dessine donc, si bien que les différentes compétences et aptitudes peuvent être utilisées de manière efficace au bénéfice de la société. Cette distinction, telle qu'elle apparaît dans la sélection pour la fonction publique ou l'administration de la société, n'implique pas nécessairement une discrimination sociale ou une supériorité inhérente d'un individu sur un autre.

L'important, c'est de reconnaître la même valeur aux femmes comme aux hommes même si des rôles différents peuvent leur être attribués au sein de la société. Donc, lorsqu'une femme est formée à devenir mère, le service rendu à la société n'est pas moins important que celui de son égal en valeur devenu ingénieur, physicien ou juriste. Il n'y a pas de limite à la formation à une bonne maternité. Plus une jeune fille apprend, plus elle devient une mère compétente. Il y va de l'intérêt de la société que tous les individus apprennent à coupler la réflexion intellectuelle au travail manuel. C'est également de l'intérêt de l'individu lui-même car ses qualités intellectuelles et morales ne peuvent être valorisées que par le travail manuel. Dieu dit : «*Vers Lui monte la parole bonne ; l'action salutaire, c'est Lui qui l'élève*» (XXXV, 10). Toutes ces considérations relèvent du domaine de l'enseignement.

Quant à l'éducation, son objectif est de libérer les dons naturels que sont l'esprit et le cœur de l'illusion et de la futilité. En libérant le cœur de la peur et en débarrassant les pensées des illusions, on peut atteindre une vie intellectuelle et sentimentale épanouie, ce qui est l'aspiration de tout être vivant. L'éducation peut transformer l'homme de la sauvagerie à l'humanité, par la correction et le raffinement des habitudes individuelles. Donc, un individu apprendra à manger, boire, dormir, s'asseoir, parler et se comporter dans tous les domaines de la vie, publique ou privée, avec humanité, sans offenser autrui d'aucune manière que ce soit. Il fera son possible pour laisser les choses et les lieux dans un état meilleur que celui dans lequel il les a trouvés. L'éducation, dans tous ces domaines, doit être dispensée partout et par tous les moyens, dans les écoles, les clubs, dans les endroits publics et aussi par les médias tels que la radio, la télévision, le cinéma, le théâtre, les journaux, les livres, les magazines, les conférences et les différents types d'expression artistique, etc.

Il est établi que toute société souffre du comportement infantile qui reste actif au-delà de l'enfance et de l'adolescence. C'est un phénomène envahissant qui n'épargne qu'une minorité d'individus matures capables d'affronter la réalité sans détour.

Certes, le penchant principal chez l'enfant, c'est de «jouer pour s'amuser. Sous l'influence de ce penchant, l'enfant ne cherche qu'à satisfaire tous ses désirs du moment et tous ses caprices de l'instant sans se préoccuper ni de faire un choix ni d'opérer une sélection entre plusieurs alternatives. Il n'a de souci, pendant qu'il s'amuse, que celui d'éviter une mésaventure douloureuse, un échec ou un désaveu.

Un tel comportement est dû au sentiment d'impuissance devant la nécessité de faire une distinction rationnelle et durable entre les désirs concurrents. Cette situation conduit, le plus souvent, à prendre ce que l'on souhaite pour ce qui est souhaitable et possible»[1].

Dans pareille situation, seule l'éducation permet de s'en sortir. Contrairement à l'enseignement, l'éducation n'implique pas une spécialisation ou une distinction, notamment entre les hommes et les femmes. Tous les individus ont besoin d'éducation, y compris les enfants. Cette nécessité n'est contingentée que par l'aptitude des individus à recevoir, assimiler et appliquer. Nous avons déjà discuté de l'approche de l'Islam en matière d'éducation et il n'est pas nécessaire d'y revenir ici.

---

1. Le texte, tel qu'il est édité en arabe, ne mentionne ni source ni référence à la citation mise entre guillemets (N.D.T.).

La règle d'or de l'éducation est la responsabilisation. L'éducation doit par tous les moyens habituer les individus et les encourager à assumer la responsabilité de leurs actes. Car le propre des enfants et des adolescents est de craindre la responsabilité. Cette crainte se manifeste par des hésitations et une certaine réticence face à l'acte ou par la dissimulation et la dérobade dès que l'acte est posé. L'éducation, à travers la responsabilisation, reste donc le seul moyen de transformer la masse de la société en individus matures, c'est-à-dire libres et responsables tout à la fois.

Epilogue

Maintenant que notre exposé touche à sa fin, nous réaffirmons qu'en matière du premier et de l'ultime message, l'essentiel reste la référence à la forme pyramidale de la religion. Le sommet de la pyramide est en Dieu comme le dit le verset : «*La religion en Dieu est l'Islam*» (III, 19). Il se trouve donc à l'infini. Mais sa base se déploie au niveau des êtres humains. Elle dérive du sommet afin de correspondre à leur réalité, à leurs besoins, à leurs capacités intellectuelles et matérielles. Le système légal (*sharî'a*) du premier message est le produit de cette dérivation.

Le sommet de la pyramide, quant à lui, nous demeurera, pour l'éternité et au-delà, hors de portée. Les individus continueront cependant à progresser sans cesse dans la compréhension de la religion, au fur et à mesure qu'ils cheminent dans la connaissance des «signes des horizons» et des «signes de l'âme», à savoir, la connaissance du monde matériel et la connaissance de soi. Dieu dit : «*Nous leur ferons voir Nos signes sur les horizons et dans leur âme, jusqu'à faire éclater (à leurs yeux) que c'est bien là le Vrai. – Or ne suffisait-il pas que Dieu soit présent à toute chose ?*» (XLI, 53).

Il dit encore : «*alors qu'eux* [les hommes] *n'embrassent même pas une parcelle de Sa connaissance, excepté ce qu'Il veut*» (II, 255). Dieu veut que nous intégrions davantage de Sa connaissance, à tout instant. Il dit : «*chaque jour Il s'affirme dans quelque intervention...*» (LV, 29). En d'autres termes, Il Se révèle sans cesse à Sa création afin que celle-ci puisse Le connaître. Il est Celui qui nous enseigne. Il dit : «*Ne prétends pas hâter le Coran, avant que la révélation ne s'en décrète en toi. Dis : 'Seigneur, grandis-moi en connaissance'*» (XX, 114). Cette progression permanente en connaissance est en fait une ascension continue de la base de la pyramide de l'Islam vers son sommet.

C'est l'individu, progressant selon ses besoins et ses capacités dans la compréhension *en* religion par la compréhension *de* la religion, qui élève successivement et sans cesse sa *sharî'a* d'une base inférieure moins perfectionnée à une base supérieure plus raffinée.

Les individus évoluent ainsi dans la compréhension de la religion pour arriver finalement à intégrer l'échelle des *sharî'a*-s individuelles, tandis que les sociétés évoluent suivant l'évolution des individus pour élever leurs lois d'une base rudimentaire à une autre qui l'est moins, mais sur l'échelle d'une pyramide dont la base est la *sharî'a* du premier message.

Si le sommet de l'Islam en matière de capital est le verset «*Ils t'interrogent sur quoi faire dépense. Dis : 'L'excédent'*» (II, 219), sa base est cependant le verset «*– Prélève sur leurs biens une aumône pour les en purifier, les épurer ; prie pour eux : tes prières leur sont apaisement*» (IX, 103). Si la *sharî'a* du premier message s'est limitée à prendre ce deuxième verset comme norme en matière de capital et formula sur sa base le principe de la proportionnalité, au lieu de celui de l'«excédent», dans la détermination de l'aumône légale (*zakât*), c'est parce que la capacité des gens était bien en-deçà de la norme supérieure, celle du sommet de la pyramide que reflète le premier verset, à savoir l'aumône maximale (*az-zakât al-kubrâ*).

Néanmoins, les individus gardent la possibilité d'atteindre le sommet, chacun selon ses propres efforts et ses capacités. D'ailleurs le prophète nous y incite lorsqu'il dit : «*En plus de l'aumône légale, il y a des droits à prélever sur vos biens*». Le verset du Coran qui demande au prophète de s'adresser aux croyants en ces termes : «*Dis : 'Si vous aimez Dieu, suivez-moi pour que Dieu vous aime et pardonne vos péchés'*» (III, 31) reflète la propre *sharî'a* du prophète qui est plus proche du sommet de l'Islam, que ce soit en matière de propriété des biens ou en matière de culte.

Le sommet de la religion en matière de politique est illustré par les versets 21 et 22 de la sourate LXXXVIII : «*Lance donc le Rappel : tu n'es là que celui qui rappelle, tu n'es pas pour eux celui qui régit*» tandis que le verset de la concertation mutuelle est plus proche de sa base. Il stipule : «*C'est par quelque miséricorde venue de Dieu que tu te montres si accommodant à leur égard ; eusses-tu fait preuve de rudesse, de dureté de cœur, qu'ils se seraient dispersés autour de toi. Efface leurs fautes, implore pour eux le pardon, consulte-les sur la tactique. Mais quand tu auras pris ta décision, remets-t'en à Dieu. –Dieu aime ceux qui s'en remettent à Lui*» (III, 159).

Mais au plus bas de l'échelle, se trouve le verset du sabre qui dit : «*–Une fois dépouillés les mois sacrés, tuez les associants où vous les trouverez, capturez-les, bloquez-les, tendez-leur toutes sortes d'embûches. Seulement, s'ils se repentent, accomplissent la prière, acquittent la purification, dégagez-leur le chemin. – Dieu est Tout pardon, Miséricordieux*» (IX, 5). Ceci fut la base de la *sharî'a* de la guerre sainte (*jihâd*) tandis que le verset de la «concertation mutuelle» (*shurâ'*) fut celui de la *sharî'a* du pouvoir fondé sur la tutelle du souverain éclairé.

Bien que la base de la pyramide, ou premier message, n'était pas démocratique, elle en était la plus proche cependant, à une époque où la société n'était pas encore prête pour la véritable démocratie.

De même, le premier message n'était pas socialiste, mais il était le plus proche du socialisme, à une époque où la société n'était pas mûre pour le vrai socialisme scientifique, qui n'était d'ailleurs pas encore né.

Puisque, depuis le début de l'Islam, l'humanité a mûri durant quatorze siècles, devenant, par la grâce de Dieu et puis grâce à sa maturité, apte matériellement et intellectuellement à accepter à la fois le socialisme et la démocratie, l'Islam doit désormais être propagé en ces termes. Cela nécessite une évolution de la base de la *sharî'a* du premier message vers un niveau moins rudimentaire, qui marque un degré d'ascension vers le sommet, bien que celui-ci demeure, pour toujours, dans l'infini des individualités. La nouvelle base de l'Islam sera l'introduction au socialisme, elle s'annoncera par l'interdiction de la possession des moyens et des sources de production par un seul individu ou par un groupe d'associés. C'est la voie ouverte de la législation islamique au socialisme.

L'autre nouvelle base de l'Islam est une introduction à la démocratie. Ici, le droit de vote devra être assuré à chaque citoyen et à chaque citoyenne à partir d'un certain âge, tout comme le droit à la candidature politique. C'est la voie ouverte de la législation islamique à la démocratie.

Cette démarche destinée à faire évoluer la législation (*taṭwîr at-tashrî*ʿ) consiste à élever un terme dérivé vers son terme fondateur. C'est l'élévation (*'irtifâ*ʿ) d'un texte du Coran vers un autre.

Il y a pourtant une aire de chevauchement entre le premier et le second message, telles que les obligations cultuelles, pour lesquelles il n'y a pas d'évolution, excepté celle qui, au sommet, donne accès au domaine des *sharîʿa*-s individuelles. Chaque individu peut croître par la grâce de Dieu et en perfectionnant l'imitation du prophète jusqu'à ce qu'il atteigne finalement sa propre individualité qui le distinguera de l'ensemble de la masse.

Le but originel de l'Islam, c'est l'individu. Par conséquent, c'est la *sharîʿa* individuelle qui en est le principe fondateur. Mais les gens sont tellement conditionnés par la vie de groupe qu'ils s'étonnent, se scandalisent même, dès qu'on leur parle de *sharîʿa* individuelle.

La *sharîʿa* individuelle exige, en outre, une maturité et une responsabilité que la plupart des individus fuient de manière infantile, espérant que d'autres l'assument à leur place. Et même quand il leur arrive parfois d'assumer leurs actes, ce n'est que dans le cadre de la dépendance à la masse, c'est-à-dire sans responsabilisation individuelle et sans sortir des chemins battus.

Une partie de la *sharîʿa* du premier message reste valable telle quelle pour le second message et en constitue l'introduction. C'est le cas des obligations cultuelles (*al-ʿibâdât*), à l'exception de l'aumône légale (*al-zakât*). Celle-ci, nous l'avons vu, est appelée à évoluer de la définition proportionnelle (*zakât al-maqâdîr*) que lui donne le premier message, à la définition maximale (*az-zakât al-kubrâ*) qui correspond au second. C'est le cas également de la loi de la compensation (*al-muʿâwada*). Cette loi fondamentale reste immuable parce qu'elle tire ses racines de l'origine même de la religion.

La partie de la *sharîʿa* du premier message qui est particulièrement vouée à évoluer est celle qui concerne les rapports sociaux (*al-muʿâmalât*), que ce soit en matière de droits fondamentaux des individus ou en matière de systèmes économique et politique, etc. Aucun élément ayant trait aux mutations sociales ne doit être épargné. Aucun facteur favorisant la vitalité nécessaire à la croissance et au renouveau ne doit être négligé.

La vitalité, le développement et le renouveau sont à l'origine du second message. L'itinérant spirituel qui évolue avec le second message doit constamment renouveler sa vie intellectuelle et sentimentale. Son idéal en cela est Dieu Lui-même qui Se décrit comme suit : «*chaque jour Il s'affirme dans quelque intervention...*» (LV, 29) tout en gardant à l'esprit que «*rien ne Le distrait de rien d'autre*».

C'est au moyen de l'attestation de l'unicité «il n'est de dieu que Dieu et Mohammad est Son messager» que l'itinérant spirituel accède à l'épreuve du second message de l'Islam. Le long et intense effort (*jiḥâd*) qu'il déploie pour se conformer à la conduite du prophète, l'élève à un premier rang, celui de la connaissance, grâce à laquelle il intègre parfaitement l'attestation de l'unicité. Dieu dit à ce propos : «*Sache donc qu'il n'est de dieu que Dieu*» (XLVII, 19). Puis, continuant plus rigoureusement ce même effort, il franchit un nouveau rang, signalé par le verset : «*Dieu témoigne qu'il n'est de dieu que Lui, (comme en témoignent) aussi les anges et les êtres de science, (et c'est là de Sa part) accomplir l'équité. –Il n'est de dieu que Lui, le Tout-Puissant, le Sage*» (III, 18).

Là, l'itinérant spirituel réalise que l'attestant n'est autre que l'attesté. Il se trouve désormais au seuil du domaine des lois de l'individualité où il est interpellé directement et sans intermédiaire par le verset : «*Dis : 'Dieu', et mieux : laisse-les s'amuser à leur indiscrétion*» (VI, 91). Cette interpellation «Dis» équivaut, dans le domaine où il se trouve, à «Sois».

Ainsi se résume brièvement l'itinéraire sur l'échelle hélicoïdale dont les interminables cycles se composent chacun de sept stations comme nous l'avons décrit plus haut.

L'Islam est une échelle hélicoïdale, ayant sa base de départ en nous, dans la *sharîʿa* collective, et sa fin en Dieu, en infinité. Quiconque gravit cette échelle spirituelle, ne cesse de converger vers Dieu en infinitude. Donc, à chaque moment, il intègre une connaissance supplémentaire et, en conséquence, se soumet davantage à Dieu. Cette dynamique va renouveler sans cesse sa vie intellectuelle et sentimentale. Dans la poursuite de ce processus, l'émergence au niveau de la *sharîʿa* individuelle devient inéluctablement réalisable. Cependant, le test infaillible de la perfection reste difficile à satisfaire. Car il s'agit pour l'individu d'asseoir sa vérité en Dieu et d'avoir une *sharîʿa* individuelle dans la continuité de cette vérité... Mais loin s'en faut !

Nos propos ne relèvent aucunement de l'idéalisme. Le processus que nous décrivons dérive du concret et y est fermement ancré. Il est destiné à guider tout le monde, sans exception, vers l'éminence en infinitude, à différents degrés d'accomplissement, selon les aptitudes de chacun. Chacun de nous gravit cette échelle spirituelle ; «*Par-dessus tout être de connaissance, Il est Connaissant*» (XII, 76), jusqu'à ce que la connaissance elle-même culmine en Dieu, le «*Connaissant des mystères*» (IX, 78).

Ainsi, la perfection que l'homme peut atteindre n'a pas de limites, en aucune façon. La destinée de l'homme est de s'élever au niveau de son Seigneur grâce à des moyens fondés de manière réaliste sur les pratiques cultuelles (*ʿibâdât*) et les rapports sociaux (*muʿâmalât*). Il suffit pour l'homme que Dieu lui réserve une telle perfection intellectuelle et affective qu'aucun œil n'a jamais vue ni aucune oreille entendue et qu'aucun être humain n'a jamais imaginée.

À Toi, Seigneur, je Te remercie autant que Tu es louable.

Le Sacrifice de l'ancien[1]

Salut à toi, l'ancien, le sage au corps fragile, aux convictions inébranlables. Salut à toi, héros du courage authentique, tué à 76 ans.

Salut à toi, qui a rencontré son Dieu, dominant de très haut les nains qui t'ont assassiné ; à toi qui retrouve les grands martyrs de l'Islam, nobles dans la vie et dans le mort.

L'Islam du Cheikh Mahmoud Mohammed Taha est celui d'un combat véritable, pas celui des tricheurs qui n'y trouvent que prétexte pour assurer les profits des banques et des sociétés commerciales. Taha savait que proclamer la vérité à la face des tyrans au pouvoir, c'est entrer dans un combat fatal. Il savait qu'il serait assassiné par ceux qui prétendent se réclamer de la Charia.

Le crime de Khartoum constitue une provocation pour tous les Musulmans fiers de l'enseignement généreux de Mohammed. En Egypte nous avons une double raison pour condamner sans appel ce crime.

Nous avons le devoir de défendre l'Islam face à ceux qui en salissent l'image dans l'opinion mondiale. Ce devoir incombe en premier lieu aux dirigeants du mouvement Islamiste qui déploient l'attention de la Charia et prétendent donner toute leur considération a ses enseignements fondés sur l'équité et le respect de l'être humain.

Nous avons le devoir d'exprimer toute notre solidarité avec le peuple du Soudan auquel nous, Egyptiens, sommes liés par des liens plus anciens et plus solides que tous ceux que peuvent invoquer les gouvernements et les systèmes de passage au pouvoir.

---

1. Article écrit au lendemain de l'exécution de Mahmoud Mohamed Taha dans un quotidien du Caire, par l'auteur, journaliste égyptien.

Comment donc les représentants de l'Egypte peuvent-ils s'asseoir au côtés de ceux du régime de Numairi dans un Conseil de coopération alors que les potences sont dressées pour y sacrifier les meilleurs enfants du Soudan ? Le gouvernement égyptien devrait il en l'occurrence contenir ses réactions, comme on le suggère ? La gravité des circonstances exige bien davantage. La crédibilité de l'évolution démocratique en Egypte dépendra de l'attitude que son gouvernement adoptera face aux pratiques ignobles du régime soudanais avec lequel nous sommes engagés dans un processus d'intégration.

S'il fallait et il ne faut pas à mon avis -donner la priorité à des considérations de stratégie qui contraindraient le gouvernement au silence, pourquoi les membres du Parlement devraient-ils eux également se taire ? S'il fallait – et il ne le faut pas à mon avis – que les députés de la majorité obéissent à ce qu'ils considèrent leur discipline de parti, pourquoi ceux de l'opposition devraient-ils eux également s'abstenir d'exprimer leur indignations ? Ne pourraient-ils pas exiger pour le moins que toute l'information concernant cet acte ignoble leur soit donnée ?

Je pensais que l'exercice de la terreur avait atteint son sommet lorsque le père du nationalisme arabe, Salah el Bitar, était tombé sous les balles de dirigeants au pouvoir qui se revendiquaient de ce nationalisme. Je suis contraint de constater qu'on assassine désormais au nom d'une loi qui est l'une des plus tolérantes et respectueuse de l'être humain. «S'il ne doit sortir de nos bouches que mensonges, alors taisez vous» .

Isamail Sabri Abdallah
18janvier 1985

Note des traducteurs et présentation du glossaire

Le glossaire présenté ci-après reflète, en partie, l'effort que nous avons fourni pour traduire l'ouvrage de Mahmoud Taha, *Ar-risâla ath-thâniyya min al-'islâm* [Khartoum, 1971], à destination du public francophone.

Pour mener à bien cette tâche, nous nous sommes d'emblée appuyés sur l'admirable «essai de traduction» du Coran de Jacques Berque [Albin Michel, 1990] ainsi que sur le *Kitâb al-Ta'rifât* de al-Jurjâni, traduit par Maurice Gloton [Presses Universitaires d'Iran, 1994], même si la traduction de certains termes fondamentaux est essentiellement issue d'un choix commun et personnel.

Nous sommes enfin reconnaissants à la courageuse traduction anglaise de l'ouvrage par Abdullahi Ahmed An-Naim, *The Second Message of Islam* [Syracuse University Press, 1996], dont la démarche générale a incontestablement facilité les premières étapes de notre travail. Par rapport à celle-ci, nous avons cependant préféré affiner certains termes et expressions chers au système de pensée de Mahmoud Taha, afin d'en transmettre la substance au lecteur d'une manière qui nous a semblé plus précise.

Telle est en tout cas la volonté qui nous a animé tout au long de ce travail.

Mohamed El Baroudi-Haddaoui
Professeur de langue et de culture arabes
Caroline Pailhe
Licenciée en islamologie, traductrice

Transcription des mots arabes

Alphabet arabe		Transcription
ء	hamza	’
ا	alif	â
ب	bâ’	b
ث	tâ’	t
ت	thâ’	th
ج	jim	j
ح	ḥâ’	ḥ
خ	khâ’	kh
د	dâl	d
ذ	dhâl	dh
ر	râ’	r
ز	zâ’	z
س	sîn	s
ش	shîn	sh
ص	ṣâd	ṣ
ض	ḍâd	ḍ
ط	ṭâ’t	ṭ
ظ	ẓâ’	ẓ
ع	ʻayn	ʻ
غ	ghayn	gh
ف	fâ’	f
ق	qâf	q
ك	kâf	k
ل	lâm	l
م	mîm	m
ن	nûn	n
ه	hâ’	h
و	wâw	w / û
ي	yâ’	y / î

Glossaire

'a [hamza]

al-'amâna
le dépôt, la responsabilité,56

al-'amr at-takwînî
l'ordre créateur, 70

al-'amr at-tashrîʿî
l'ordre législateur, 70

al-'a ṣl al-'u ṣûl
les principes fondateurs du droit musulman, 84, 121, 122

al-'i ḥsân
le bel-agir, 52, 111

al-'ikhtiyâr
le libre arbitre, 61

al-'îmân
la foi, 111, 112, 119

al-'irâda
la volonté, 97

al-'irtifâʿ
l'élévation [d'un texte du Coran vers un autre], 168

al-'ishtirâkiyya
socialisme, 14, 149

al-'islâm
la soumission [à Dieu], 111-112, 119

al-'ism
l'agent, 71

al-'ismâh
l'accommodement, 113

'arbâb al-qulûb
les gens du coeur fin, 55

'aslama
se rendre, se soumettre, 97

'ashâb ar-ra'y
les tenants du jugement personnel, 63

'âyâ, pluriel *'âyât*
verset coranique, 123

'âyât as-sayf
les versets de coercition par le sabre, 123

'iṭlâq
dans l'absolu, 86

ʿa [ʿayn]

al-ʿadl
la justice, 52

al-ʿaql
l'esprit, 50, 65

al-ʿaqîda
le dogme, 65

al-ʿibâdât
les obligations envers Dieu, le cultuel, 36, 42, 109, 139, 168, 170

ʿânis
une vieille fille, 133

ʿarûs an-nîl
la Promise du Nil, 30

ʿayn al-yaqîn
la vision certaine, 111

ʿilm al-yaqîn
la science certaine, 111

b

bâṭin
signification cachée ou ésotérique, 64-66, 73, 76-78, 82, 94, 99, 117, 140

al-barzakh
l'isthme, 81

d

ad-dîmuqrâṭiyya
la démocratie, 153

ad-dîn
la religion, 79

dh

adh-dhât al-'ilâhiyya
l'Essence divine, 74

adh-dhikr
le Rappel [le Coran], 143

dhât allâh
Dieu en soi, 143

f

al-fi'l
l'action, 71
al-fitna al-kubrâ
la «Grande Discorde», 19
al-fiṭra
la prime nature non corrompue [des choses et des personnes], 97
al-furqan
le critère [le Coran], 143
al-fûrû'
les règles du droit appliqué, 121

gh

al-ghafla
l'inconscience, 68
al-ghayb
le mystère, 139

ḥ

al-ḥaḍâra
civilisation [à caractère matériel], 21, 22
al-ḥaqîqa
la vérité spirituelle permanente, 47 note 1, 50-53, 65-66, 72, 79, 83-84, 86
al-ḥaqq
le Vrai, 51, 66
al-ḥijâb
le voile, 17, 137-138
al-ḥudûd
les châtiments prescrits pour les quatre péchés majeurs, 84, 139
al-ḥurûf (pluriel de *al-ḥarf*)
les lettres de l'alphabet, 114
ḥadîth
propos ou acte dont le prophète est l'auteur. Le Coran, par contre, est attribué à Dieu dans son contenu comme dans sa formulation, tel que révélé au prophète par l'intermédiaire de l'archange Gabriel, 22 note 1
ḥadîth qudsî ou *ḥadîth*
divin, propos dont le contenu est attribué à Dieu mais dont la formulation revient au prophète. Voir *ḥadîth*, 39 note 1
ḥaqq al-yaqîn
la vraie certitude, 111
ḥukm al-waqt
les contraintes du moment, 91

i

Iblis
le Diable

j

al-jabr
la prédestination, 61
al-jâhiliyya
le paganisme anté-islamique, 128
al-jihâd
(petit) la guerre sainte ou combat, 16, 112, 114, 122, 125, 128, 167 ;
(grand) l'effort accompli sur soi-même, 119 ; maîtrise de soi, 125, long et intense effort, 169
al-jizya
la capitation, 128

l

al-lawḥ al-maḥfûz
le «Registre protégé» auprès de Dieu, 92
lâ ilaha illâ allah
il n'est de dieu que Dieu, 101

m

al-madaniyya
la civilisation [à caractère spirituel], 21-23, 160-161
al-malakût
la souveraineté, 72
al-mathânî
les significations doubles, 69
al-mu'âmalât
les obligations envers la société, le relationnel, 36, 42, 169-170
al-mu'âwada
la compensation, 49-51, 79, 56, 122, 128, 168
al-mukâtaba
le rachat par lequel l'esclave de bonne conduite était émancipé

en fonction de certaines conditions, 129

al-mulk
la royauté, 72

al-mu'minûn
croyants, 17, 111, 121, 158

al-munâfiqûn
les Hypocrites, terme réservé aux opposants médinois qui faisaient montre d'une attitude équivoque à l'égard de l'Islam naissant, 111-113

al-muslimûn
les musulmans, 17, 111

mukhayyar
celui qui possède un libre choix face à une destinée qui accepte un certain recours, 62

muṣayyar
celui qui se trouve condamné à une destinée prédéterminée, 62-63

n

an-nafs
l'âme, 40

an-nafs ad-dunyâ
l'âme inférieure ou «immédiate», 40

an-nafs al-'ukhrâ
l'âme supérieure ou «l'autre âme», 40

q

al-qadar
le sort, 90

al-qadhâ'
le destin, 90

al-qadhf
la diffamation [par fausse accusation d'adultère], 84

al-qiṣâṣ
le talion, 47, 84 ; la rétribution, 50-51, 79 ; la compensation, 60

al-qur'ân
la Récitation [le Coran], propos de Dieu révélés dans leur fond et leur forme au prophète Mohammed par l'intermédiaire de l'archange Jibrîl [Gabriel], 143

qaṭ'aṭ-ṭarîq
le banditisme de grand chemin, 84

r

ar-ra'sumâliyya
capitalisme, 17, 129

ar-rîda [de 'irâda]
l'amour, 96

ar-riqq
l'esclavage, 16

ar-risâla
le message, 13

ar-rubûbiyya
la divinité, 99

s

as-sâbiqa
l'antériorité, 91

as-sâlik
l'itinérant sur la voie de Dieu, 46

as-sariqa
le vol, 84

as-silm
la paix, l'Islam, la soumission, 96, 119

as-sirr
la secret, 46

as-sufûr
la liberté pour la femme de se montrer en public sans voile, 136-138

as-sunna
la tradition [du prophète], 10-11, 16, 22

sad adh-dharâ'i'
la raison préventive [du législateur], 138

sirr al-qadar
le secret du sort, 90

sirr as-sirr
le secret de la conscience, 46, 117, 119-120

sh

ash-sharî'a
le système légal islamique, 8, 10, 16, 35-36, 42, 44, 47-53, 63, 65-66, 72, 79, 83-84, 86, 91-93,

95, 100-101, 109, 111, 124, 127, 133, 135-136, 138, 140, 145, 152, 159, 165-171

ash-sharîʿa al-fardiyya
la loi individuelle, 75, 93

ash-shûra'
la concertation, 158

ash-shuyûʿiyya
le communisme, 14, 150

shafʿ
double, 75

shaytan
Satan, 20

t

at-taqiyya
la pratique consistant à simuler la conversion tout en dissimulant sa vraie croyance, 113

at-taṣyîr
la prédestination, 64, 69, 92

at-taṣyîr al-muṭlaq
la prédestination totale, 64

at-tawḥîd
l'unicité, le monothéisme, 20, 36-37, 101

taṭwîr at-tashrîʿ
faire évoluer la législation, 168

ṭ

aṭ-ṭalâq
le divorce/la répudiation, 17, 134

w

waḥdat al-fâʿil
l'Unité de l'Agent, 67, 75

witr
singulier, 74

y

al-yaqîn
la certitude, 67

z

az-zakât
l'aumône légale, 11, 112-113, 123, 129, 166

az-zakât al-kubrâ
l'aumône légale maximale, 152, 166, 168

az-zakât dhâtu al-maqâdîr
l'aumône légale proportionnelle, 109, 130, 159, 168

az-zinâ
l'adultère, 84

zâd al-musâfir
les provisions de route, 129

ẓ

ẓâhir
signification apparente ou exotérique, 64-66, 73, 76-78, 82, 99, 107, 140

Table des matières

Avant-propos
Mahmoud Mohamed Taha, témoin de l'Islam dans le monde contemporain ... 7
1. Mahmoud Mohamed Taha et la société soudanaise ... 7
2. Rappel de la genèse de l'Islam ... 10

Préface
Vers une théologie islamique de la libération ? ... 13
1. Les deux messages divins dans l'Islam ... 13
2. La société idéale fruit d'une lutte sociale ... 14
3. Une démarche spécifiquement théologique ... 17

Prologue ... 19

Chapitre 1
La civilisation spirituelle et la civilisation matérielle ... 21
1. La civilisation spirituelle est-elle la morale ? ... 21
2. La civilisation occidentale ... 23
3. L'échec de la civilisation occidentale ... 23

Chapitre 2
L'individu et la collectivité dans la pensée philosophique ... 27
– L'individu et l'univers dans la pensée philosophique ... 31

Chapitre 3
L'individu et la collectivité en Islam ... 35
1. La liberté individuelle parfaite ... 37
2. La *sharî'a* au service de la liberté individuelle parfaite ... 42
3. L'individu et l'univers en Islam ... 53
4. La volonté ... 56
5. Prédestination (*al-jabr*) et libre arbitre (*al-'ikhtiyâr*) ... 61
6. Prédestination, libre arbitre et coran ... 64
7. Le coran et la prédestination ... 67
8. Qu'est-ce donc que la prédestination ? ... 69
9. Le pardon accordé à Adam et Eve ... 79
10. Comment Adam fut-il pardonné ? ... 84
11. La prédestination est un pur bien ... 87
12. Le destin (*al-qadhâ'*) et le sort (*al-qadar*) ... 90
13. Conclusion ... 95

Chapitre 4
L'Islam 97
1. Qu'est-ce donc que l'Islam ? 97
2. La trilogie islamique 103

Chapitre 5
Le Premier Message 111
1. La communauté des croyants 119
2. La guerre sainte (*jiḥâd*) n'est pas un principe fondateur en Islam 122
3. L'esclavage n'est pas un principe fondateur en Islam 128
4. Le capitalisme (*ar-ra'sumâliyya*) n'est pas un principe fondateur en Islam 129
5. L'inégalité entre l'homme et la femme n'est pas un principe fondateur en Islam 131
6. La polygamie n'est pas un principe fondateur en Islam 132
7. Le divorce/répudiation (*aṭ-ṭalâq*) n'est pas un principe fondateur en Islam 134
8. Le voile (*al-ḥijab*) n'est pas un principe fondateur en Islam 136
9. La separation e[illegible] hommes et les femme[illegible] la vie sociale n'est pas un principe fondateur en Islam 138

Chapitre 6
L'ultime message de l'Islam 139
1. Les musulmans 144
2. La société juste 147
3. L'égalité économique : le socialisme (*al-'ishtirâkiyya*) 149
4. L'égalité politique : la démocratie (*ad-dîmuqrâṭiyya*) 153
5. L'égalité sociale : La résorption des classes et de la discrimination 159

Epilogue 165

Le sacrifice de l'ancien 171

Note des traducteurs et présentation du glossaire 173

Transcription des mots arabes 174

Glossaire 175

Table des matières 179

Achevé d'imprimer par Corlet - 14110 Condé-en-Normandie
N° d'Imprimeur : 1283102 - Mai 2023 - Imprimé en France